抖音电商

精准定位+通晓算法+引流运营+直播带货+橱窗卖货

（第2版） 全权 编著

清华大学出版社
北京

内 容 简 介

本书是笔者畅销20万份的抖音热门课程的精华，内容涵盖了笔者运营抖音时拥有300多万粉丝的实战经验和如何孵化多位抖音网红的技巧，以及整套抖音电商运营方法。

本书的主要内容包括账号定位、抖音算法、内容创作、运营技巧、吸粉引流、直播带货、橱窗卖货和抖音盒子等，一本书就能帮助读者快速精通抖音短视频电商运营。

本书不仅适合刚进入抖音短视频行业的自媒体或新媒体人士阅读，而且适合拥有个人淘宝、天猫等网店的店主，能够帮助他们快速利用抖音增加产品销量，还适合想通过短视频打造个人、公司品牌和形象的相关人士阅读。

本书封面贴有清华大学出版社防伪标签，无标签者不得销售。
版权所有，侵权必究。举报：010-62782989，beiqinquan@tup.tsinghua.edu.cn。

图书在版编目(CIP)数据

抖音电商：精准定位+通晓算法+引流运营+直播带货+橱窗卖货/全权编著. —2版. —北京：清华大学出版社，2023.7(2024.7重印)
ISBN 978-7-302-64251-0

Ⅰ.①抖… Ⅱ.①全… Ⅲ.①网络营销 Ⅳ.①F713.365.2

中国国家版本馆CIP数据核字(2023)第138303号

责任编辑：张　瑜
封面设计：杨玉兰
责任校对：徐彩虹
责任印制：沈　露

出版发行：清华大学出版社
　　　　网　　　址：https://www.tup.com.cn, https://www.wqxuetang.com
　　　　地　　　址：北京清华大学学研大厦A座　　邮　　编：100084
　　　　社 总 机：010-83470000　　　　　　　　邮　　购：010-62786544
　　　　投稿与读者服务：010-62776969, c-service@tup.tsinghua.edu.cn
　　　　质量反馈：010-62772015, zhiliang@tup.tsinghua.edu.cn
印 装 者：三河市人民印务有限公司
经　　销：全国新华书店
开　　本：170mm×240mm　　印　张：14　　字　数：336千字
版　　次：2020年6月第1版　　2023年8月第2版　　印　次：2024年7月第2次印刷
定　　价：79.80元

产品编号：098678-01

前言

大家好，我是"懂我星球"创始人全权。

我之前在传统影视公司做经纪人，给一些明星和网红对接、策划商业活动。因为传统影视行业发展有限，所以转型和朋友进入互联网创业。后来因为项目方向出现分歧，我开始独自创业，并在 2016 年成立了"懂我星球"这个公司。

"懂我星球"是一家以知识付费为切入点的短视频网红孵化公司。那为什么要成立这样一家公司呢？原因是我们发现使用抖音的人越来越多。当时我们的想法比较简单，就想着能不能让我们的老师通过抖音实现内容变现。

我们有一个教新手唱歌的媛媛老师，当时我们给老师的定位是抖音热门歌曲教学，结果 3 个月的时间涨粉 50 多万。可能大家觉得这个粉丝量并不高。但是，接下来我跟大家说一组数据，大家就不会这么认为了。媛媛老师有一个 199 元的视频课，每个月在抖音上大约有 600 人引流到她的微信，买课的成交率极高，每个月光课程收益就有将近 10 万元，这还不算媛媛老师线上咨询和线下后端培训的收益。

正是因为看到了抖音上引流变现的可能性，"懂我星球"才全力转型做短视频。在不到两年的时间里，我带领团队为每个老师独家策划了 20 多门线上课程，内部也孵化签约了数十位短视频创作者。2019 年 4 月份我自己也做了一套课程，叫作"抖音赚钱全攻略"。课程在全平台分发，月销售量达一万多份，全网排名第一。

跟大家讲这些，并不是吹嘘自己，而是想告诉大家抖音已经成了新的流量聚集地，大家一定要抓住时机。尤其是 5G 时代的来临，网络资费更便宜、网速也会更快，3 秒就能下载一部电影，在未来将会有更多的机会应运而生。

在这个社会，似乎有很多渠道可以赚钱，只要足够勤奋，总会有我们自己的立足之地。

但是我大学毕业 3 年后，我仍旧一个月拿着几千块钱的薪资，交完房租和水电费，省吃俭用却依旧存不下钱，我和大多数北漂青年一样充满着深深的无力感。这种无力感让人看不到任何前途和希望，觉得自己这一辈子可能永远就这样了！那种感觉，就好像陷进沼泽地一般，你越拼命挣扎，越无法自拔，那种对前途的渴望，如同新鲜的空气一般珍贵。可是，除了拼命地挣扎，我们还能做点别的什么呢？

直到有一天，看到一本书中的一句话，让我如同触电一般："人和人之间的差别其实是认知的差别。"是的，人的智商差别其实并不大。真正让我们产生差距的是眼界，

而所谓的眼界就是一个人看到的和内心坚信的东西。

这就好比一个普通人想快速赚钱，他会去找工资比较高的工作，哪怕苦点、累点，他都愿意接受。最后，发现当个快递员或者外卖员挺不错的，不但薪资高而且能立马上手。于是为了赚更多的钱，别人一天跑 10 个小时，他一天跑 15 个小时，每天至少能比别人多赚 150 元。按照这个逻辑，确实赚得是多了，但是自己的时间却越来越不够用。没有时间学习和思考，更没有自己的生活，永远不知道诗和远方的滋味，只剩下手上的单子。

可能说到这，会有读者好奇，你前面讲了这么多，和你这本书又有什么关系呢？当然有关系，因为我选择了一条和大众不一样的路，所以利用很短的时间实现了月入 10 万元的小目标，无论我现在工作还是不工作，我都有被动收入！

这条艰辛的路，就是我没有选择做一眼望到头的工作，而是选择了大家都不愿意，也不敢轻易尝试的工作——自媒体创业。其实创业并没有什么好讲的，因为创业在这个年代并不是什么新鲜事，毕竟创业也只是一种生活方式。但是，正是这种生活方式促使我快速成长，让我知道了什么叫"指数型思维"，找到了快速迭代认知的方法——找风口。什么是风口？简单来讲，就是未来几年内一定会火的事。

譬如早期的房地产时代，你没有机会参与；淘宝电商刚出来的时候，你没有下手；微信公众号正火的时候，你看不懂；微商慢慢开始进入到你的生活，你又瞧不上。如果你还在犹豫，等时间一过，不好意思！你曾经错过了房地产、电商和微商的风口，接下来你会继续错过短视频的风口。风口面前人人平等，面对新生的事物大家都需要重新学习。

抖音作为今日头条孵化的产品，背后有着强大的算法，通过标签分发，让每一个人都能看到自己感兴趣的内容。正是这套强大的算法，使每一个关注你的用户，都成了你的潜在客户。无论你卖的是实体产品还是虚拟服务，用户主动上门的例子在抖音上数不胜数。

很多人对抖音短视频的认知还停留在它是一个社交平台的层面。其实它不仅是社交平台，更是社会化传播和交易平台。为什么这么说呢？玩抖音的朋友，想必都知道奔驰漏油事件。因为有人把奔驰女车主坐在奔驰机盖上哭诉的视频放在了抖音上，在很短的时间内引发全网讨论，这件事的相关播放量超过了 1 亿人次。

大家有没有发现抖音和微博比较像？微博热搜就是全民关心的话题事件，而短视频的传播比文字更快、更直观。

当然还有短视频电商，以前我们买东西都是在淘宝上搜索，而我们现在看抖音上好物推荐的视频和带货直播，很多东西本来没有需求，但是因为喜欢某个出

前言

镜者或者商品的使用场景，看着看着就会产生购买欲望。

比如，像"口红一哥"就曾取得 14 000 支口红一分钟内卖断货的销售奇迹。为什么一个 90 后能如此厉害？就是因为他对口红的理解比女孩子都还要透彻，很多女孩子看他的视频就是为学习口红知识，看着看着就被"种草"了。

当然，抖音不单给个人带来了商业机会，对商家来说也是商机无限的。近年来，借助抖音平台，很多品牌开始在国内走红。这些品牌赢得了大量的加盟商，实现了快速扩张，从一个新品牌一跃成为全国知名的品牌。

有很多商家已经知道了抖音的重要性，为了帮助更多的普通人玩转抖音，我特意写了这本与抖音相关的书籍，将自己所有的心得都浓缩其中，帮助大家在短视频的时代，赚取属于自己的一桶金！

早在 2020 年，笔者就出版了《抖音电商：精准定位 + 通晓算法 + 引流运营 + 直播带货 + 橱窗卖货》一书，这本书销售情况良好，许多读者纷纷表示期待笔者推出新书。再加上时间过去了两年，这本书的部分内容不再适用了，同时抖音也推出了一些新功能。因此，为了适应抖音平台的新变化，提升内容的实用性，笔者推出了本书的第 2 版。

相较于升级之前的版本，本书删除了抖音变现、抖音规则和常见问题等内容，增加了主播培养、直播带货技巧、商品橱窗操作技巧、商品橱窗卖货技巧、抖音盒子流量获取方法和变现方式等实用性更强的内容，而且还通过专门的章节对直播带货、橱窗卖货和抖音盒子等内容进行了详细的解读。读者通过本书的学习，可以更加快速地掌握抖音电商的运营技巧，提升自身的变现能力。

编　者

目录

第 1 章 抖音电商：抖音成为电商流量的新宠 1

1.1 不变的商业：从电商到微商再到抖商 2
    1.1.1 电商的代表——淘宝 2
    1.1.2 微商的代表——微信 2
    1.1.3 抖商的代表——抖音 3
1.2 杀出重围：抖音究竟凭借什么秘诀 5
    1.2.1 抖音的商品定位 5
    1.2.2 抖音的竞品分析 6
    1.2.3 快速成长的因素 9
    1.2.4 大量的流量变现 10
    1.2.5 成长周期的节奏 11
1.3 分析原因：抖音为什么会受到欢迎 12
    1.3.1 一流的软件设计和用户体验感 13
    1.3.2 巧妙有趣的挑战和话题互动设置 15
    1.3.3 特有的推荐算法和内容分发机制 15
    1.3.4 自成一派的抖音音乐"神曲"频出 16
    1.3.5 抖音占据了"天时、地利、人和" 17

第 2 章 抖音养号：从 0 到 10 万粉丝的养号窍门 19

2.1 一个权重高的抖音号的打造 20
    2.1.1 什么是抖音养号 20
    2.1.2 需要养号的 4 种情况 21
2.2 做好三个方面能提升账号权重 22
    2.2.1 不要频繁切换网络和换机使用 22
    2.2.2 账号的个人信息要尽量完善 22
    2.2.3 通过操作保持账号的正常活跃 23
2.3 5 条思路，快速打造吸金账号 23
    2.3.1 思路 1：看清生态，学会借力 23
    2.3.2 思路 2：明白用户喜欢看什么 24
    2.3.3 思路 3：你的"看点"在哪里 27
    2.3.4 思路 4：商家青睐什么样的账号 28
    2.3.5 思路 5：设置好抖音号的基本信息 29

第 3 章 账号定位：人格化打造高流量 IP 33

3.1 找准定位与人设：描述自己是谁 34
    3.1.1 人设究竟是什么？ 34
    3.1.2 做好人设的 7 个基本要素 34

抖音电商：精准定位＋通晓算法＋引流运营＋直播带货＋橱窗卖货（第 2 版）

3.1.3 学会给自己贴上合适的标签...... 36
3.1.4 用一个词描述你是谁................. 37
3.1.5 分析同行，找到未被满足
的点... 38
3.1.6 弄清人设可以满足的需求点
是什么....................................... 39
3.2 短视频风靡，精准定位是成功
关键.. 39
3.2.1 行业定位：根据爱好和优势
确定方向................................... 39
3.2.2 内容定位：根据行业定位确定
拍什么....................................... 40
3.2.3 商品定位：根据自身情况确定
卖什么....................................... 41
3.2.4 人群定位：了解目标用户、
受众喜好................................... 42
3.2.5 人设定位：找准个人特质、
优势能力................................... 44
3.3 只需做好这 4 步，就能找准自身
定位.. 45
3.3.1 定位的第一步：定赛道......... 45
3.3.2 定位的第二步：定类型及呈现
方式... 46
3.3.3 定位的第三步：定标签......... 46
3.3.4 定位的第四步：定差异化
展示... 46
3.4 打造人格化 IP，必须要做到的
6 个方面.. 47
3.4.1 "六部曲"打造 IP 账号......... 47
3.4.2 设计人格化 IP 的"人性"特征
设计... 56
3.4.3 人格化因子要为"人的心理
需求"代言............................... 56
3.4.4 三个阶段打造 IP.................... 56

3.4.5 打造人格化 IP 的内容体系....... 57
3.4.6 一定要持续创新和输出内容，
保持账号活跃........................... 58

第 4 章 抖音算法：从推荐到热门背后的逻辑 59

4.1 什么是流量池...................................... 60
4.1.1 抖音账号权重大小................. 60
4.1.2 作品的受欢迎程度................. 60
4.2 抖音账户权重基本算法...................... 61
4.2.1 作品本身的优质程度............. 61
4.2.2 发布作品的相关技巧............. 61
4.2.3 作品的互动数据指标............. 63
4.3 抖音推荐上热门的核心算法.............. 63
4.3.1 基础流量................................. 63
4.3.2 叠加推荐................................. 64
4.3.3 时间效应................................. 64
4.4 提升作品播放量的 4 个技巧.............. 64
4.4.1 选择合适的发布时间............. 64
4.4.2 提高作品的互动数据............. 66
4.4.3 发布作品的时候 @ 相关的人 ... 67
4.4.4 选择合适的挑战或者合拍..... 68
4.5 抖音短视频获得推荐的技巧.............. 69
4.5.1 作品不被推荐的原因............. 70
4.5.2 启动阶段，快速被推荐的
秘诀... 71
4.5.3 抖音挑选内容背后的逻辑..... 72
4.5.4 任何时候都要建立数据思维..... 73
4.5.5 学会逆向思考，让你的作品
更受欢迎................................... 75
4.5.6 掌握利他思维才能有高赞
作品... 76
4.5.7 用好这招你的作品就能
上热门....................................... 77

目录

第 5 章　内容创作：让你分分钟成为抖音红人 79

5.1　做出快速传播的内容：上热门的共性 80
　5.1.1　能提高网感的不二法门 80
　5.1.2　打造快速识别你的金句 81
　5.1.3　吸睛短视频标题的套路 81
　5.1.4　了解受欢迎的内容的共性 88
　5.1.5　利用道具增加品牌的辨识度 89
5.2　优质短视频的硬标准之一：静态特征 89
　5.2.1　视频标题：10W ＋的视频标题具备哪些特点 90
　5.2.2　视频封面：什么封面才能给用户留下深刻印象 90
　5.2.3　视频属性：影响短视频推荐量的因素有哪些 91
5.3　优质短视频的硬标准之二：动态特征 91
　5.3.1　引起共鸣和认同：观念、遭遇、经历 91
　5.3.2　引起好奇：谁、为什么、怎么样、哪里 92
　5.3.3　利益相关：自身相关、群体利益、地域利益 92
　5.3.4　引起思考：人生哲理、生活感悟、心灵鸡汤 92
　5.3.5　引发欲望：对食物、物质、美好事物的追求 92
　5.3.6　探求未知：新奇的事物、景色、人物和生活 93
　5.3.7　满足幻想：爱情幻想、生活憧憬 93

　5.3.8　刺激感官：听觉刺激、视觉刺激 93
　5.3.9　获取价值：有价值的知识、有帮助的常识 94
　5.3.10　强烈冲突：常识认知冲突、剧情反转冲突 94
　5.3.11　新鲜度：事件新鲜、手法新鲜、表现新鲜 95
　5.3.12　观赏度：色彩度、美观度、情节流畅度 95
　5.3.13　稀缺度：内容稀缺度、版权稀缺度、素材稀缺度 95
　5.3.14　精彩度：有亮点、有意义、精彩点布局 95
　5.3.15　实时热度：主题热度、话题热度、人物热度 95
5.4　持续创作高质量视频的途径 96
　5.4.1　更容易上热门的商品拍摄形式 96
　5.4.2　前期容易上手的拍摄内容 99
　5.4.3　优质作品必须具备的条件 101
　5.4.4　善于搜集信息才能持续更新作品 102
　5.4.5　做短视频不能触碰的雷区 103

第 6 章　运营技巧：解析抖音的推广运营策略 105

6.1　利用最少配置，搭建高战斗力的团队 106
　6.1.1　团队配置和分工 106
　6.1.2　团队招募和管理 107
6.2　流水线作业的流程标准化 108
6.3　抖音运营的知识和技巧 110

VII

6.3.1 什么样的品牌适合玩抖音 110
6.3.2 玩抖音常用的工具 112
6.3.3 提高抖音号曝光的操作技巧 113
6.3.4 预防作品被抖音关小黑屋的
方法 116
6.3.5 录制 1 分钟视频的方法 117
6.3.6 新作品流量触顶的机制 118
6.3.7 什么样的视频可以投放
DOU + ... 119
6.3.8 粉丝从 0 到 10 万的运营
技巧 121

第 7 章 吸粉引流：将意向客户引导到私域池 123

7.1 快速涨粉：核心秘诀就是做爆款
短视频 124
7.1.1 必须是原创的短视频 124
7.1.2 善用热门背景音乐 124
7.1.3 文案一定要有吸引力 124
7.1.4 尝试拍真人出镜的短视频 125
7.2 抖音引流：爆发式引流的 10 个
方法 125
7.2.1 利用抖音 SEO 引流 125
7.2.2 抖音评论区引流 127
7.2.3 账号互推引流 128
7.2.4 抖音矩阵引流 129
7.2.5 抖音私信引流 129
7.2.6 抖音直播引流 129
7.2.7 分享转发引流 130
7.2.8 跨平台引流 132
7.2.9 线上引流 133
7.2.10 线下引流 135
7.3 设定转粉程序：把抖音粉丝转入
微信 136

7.3.1 最大化挖掘粉丝价值 136
7.3.2 抖音粉丝导流到微信的 4 种
方法 141

第 8 章 直播带货：引导更多用户下单购物 143

8.1 主播的培养：将素人打造成带货
达人 144
8.1.1 提高主播的专业素养 144
8.1.2 打造专属的直播间 148
8.1.3 掌握直播表达技巧 153
8.2 带货技巧：让更多人购买你的
商品 155
8.2.1 进行直播预热 155
8.2.2 熟悉带货五步法 156
8.2.3 掌握常见的卖货技巧 160

第 9 章 橱窗卖货：提高抖音号的变现能力 165

9.1 快速入门：了解商品橱窗的相关
知识 166
9.1.1 什么是抖音商品橱窗 166
9.1.2 为何要开通抖音商品橱窗 166
9.1.3 开通抖音商品橱窗的方法 167
9.1.4 如何提升橱窗的带货口碑 169
9.2 熟悉操作：熟练运用商品橱窗
功能 169
9.2.1 添加商品 170
9.2.2 置顶商品 172
9.2.3 更新信息 172
9.2.4 删除商品 174
9.2.5 预览橱窗 174
9.3 橱窗卖货：提高抖音号的变现
能力 175

9.3.1 选择合适的带货商品................175
9.3.2 将橱窗的商品添加至购物车....180
9.3.3 掌握橱窗卖货的常见技巧........181

第 10 章 抖音盒子：官方力推的商品推广渠道..........................187

10.1 入门须知：快速了解抖音盒子......188
　10.1.1 什么是抖音盒子....................188
　10.1.2 入驻抖音盒子平台................188
　10.1.3 抖音盒子的界面介绍............190
　10.1.4 为何要入驻抖音盒子............195
10.2 流量获取：快速提高带货的效果..197
　10.2.1 分享引流：分享视频增加受众..198
　10.2.2 话题引流：增加流量的精准性......................................200
　10.2.3 评论引流：促进视频广泛传播..202
　10.2.4 口碑引流：将带货好评转化为流量......................................204

10.2.5 同步引流：借助抖音平台做营销推广......................................204
10.2.6 搜索引流：设置标题提高直播曝光量......................................207
10.2.7 账号引流：通过信息编辑获得流量..207
10.3 变现方式：多种方法获得带货收益..208
　10.3.1 逛街推荐：直接为用户展示商品..208
　10.3.2 订阅账号：引导用户长期购物..208
　10.3.3 视频种草：宣传推广增加销量..209
　10.3.4 内容搜索：通过关键词精准引流..210
　10.3.5 直播销售：获取佣金和礼物收入..210

第 1 章

抖音电商：抖音成为电商流量的新宠

随着抖音的快速发展，人们在它身上看到了越来越多的可能性。对于广大电商运营者来说，流量就等于是发展的机遇。因此，拥有巨大流量的抖音，自然而然就成了电商的新宠。

抖音电商：精准定位＋通晓算法＋引流运营＋直播带货＋橱窗卖货（第2版）

1.1 不变的商业：从电商到微商再到抖商

近几年国内互联网的发展非常迅猛，它不但改变了人们的生活方式，让人们的生活越来越方便，也让中国互联网的普及率跃居全球第一。

但不管互联网再怎么发展，各大公司竞争的本质还是流量的竞争，毕竟这是一个用户为王的时代，谁手上掌握了大量用户，谁就能够构建自己的商业帝国。

在中国互联网的发展历史过程中，新平台的崛起带来了三次电商红利期。第一次是2003年淘宝成立后，许多人通过开淘宝店开启了电商之旅；第二次是2011年微信出现后，许多人通过微信做起了微商；第三次是2019年以来，随着短视频的快速发展，许多人借助抖音，做起了抖音电商。

1.1.1 电商的代表——淘宝

20世纪末至21世纪初，随着网络技术的快速发展，再加上人们生活节奏的加快，部分人不太愿意花太多的时间去实体店购物了。所以，越来越多消费者开始寻求更加快速和便捷的购物方式。

为了适应这种需求，商家开始聚集于以淘宝为代表的电商平台，由此开启了电商时代。因为电商具有选择多样、价格便宜、购物便利等优点，所以越来越多的消费者开始将其作为主要的消费方式。

也正是因为如此，许多人开始意识到电商已经成为了一种主流的消费方式，而且电商开店的成本相对来说更低一些，所以越来越多的商家开始进军电子商务行业，通过电商平台销售商品，甚至有部分商家将销售的重心转移到了电商平台。

1.1.2 微商的代表——微信

淘宝当初用10年时间发展了不到1000万的从业者，而微商只用了1年时间就拥有了超过1000万的从业者。严格意义上说，微商是电商的一种形式，除了依托微信生态外，两者最不同的一点在于，电商通过长期消费行为来获取信任，而微商依靠社交关系的信任来产生消费，微商的消费行为也大多发生在熟人之间。

从电商到微商，转变速度迅速的根本原因在于由于商品的种类繁多，人们需要一种快速分辨和决策的判断依据。以前人们购买商品更多的是看品牌，那时候对于人们来说，大品牌的东西就是选得放心、用得安心。于是曾经有段时间内，刷牙用高露洁牙膏、洗头发用海飞丝就成了许多人的固有观念。

而随着品牌的增多，人们在选择某种商品时，会有越来越多的可选择项。此时，就出现了一大堆的问题：应该选择哪款商品？这款商品的功效如何？这个货架上面摆的是不是假货？

正是因为问题太多，难以抉择，人们又不想接受试错成本。所以，许多人就选择了一种相对保险的做法，那就是参考懂行的"熟人"的意见。于是，在这种情况下，从事微商的人们便获得了商机。

1.1.3 抖商的代表——抖音

  我们可以发现，无论是品牌式、体验式、参与式或者口碑式推销，都是为了使消费者相信我们的商品，而成交的核心其实就在于两个字：信任。

  所以，为了构建这种信任，我们会在不同的时期采取不同的经营模式。微商如此，如今通过抖音造就的抖商更是如此。抖商发展很重要的一个原因就在于，抖音平台的成熟度可以实现传播和销售的一体化。

  在过去，做营销的人都知道传播和销售是两个不同的概念。市场部负责宣传推广商品，销售部则负责实际业务交易。但是，现在我们发现，传播和销售已经变成密不可分的整体。哪里有流量，哪里就是传播和销售的战场。

  在依靠电视做广告的那个年代，很多传统企业依托央视重金打造广告成为大品牌，而现在，你即使再花 10 倍的广告费用，也很难达到当初的宣传效果。

  为什么呢？因为现代人的时间被切割成碎片，市场的传播途径开始变得复杂，所以现在的品牌营销就面临着重重挑战。市场更为分散，难以覆盖，传统的媒介渠道效率变得越来越低，已经很难全面覆盖、有效地触达目标用户。

  现在用户的需求变得多元化、个性化以及更加的垂直和细分，人群的圈层化也非常明显，商家如果只是采用常规的标准化策略与打法，将很难再让目标用户心动并产生行动。

  作为一个拥有巨大流量的短视频平台，抖音不但有购物车、商品橱窗等便利的购物功能，还可以让用户在观看过程中实时完成下单。所以，抖音正在成为各大商家争抢的客源地。很多网红达人都在利用抖音做生意，其原因有以下 5 点。

1．粉丝接受度高

  相比其他平台或者其他方式的直接硬性广告，抖音里面的广告形式更能让用户和粉丝接受，通过精美的"视频+音乐+情节"，能让商家的商品直观鲜明的展现在粉丝眼前，再加上粉丝效应，就更容易实现带货转化了。

  图 1-1 所示为某运营者发布的商品推广短视频，该视频展示的是一条小狗在乖乖地吃香肠，虽然它的旁边放了很多香肠，但是它一次只吃一根，吃完再去旁边叼起另一根来吃。

  这个短视频的剧情比较简单，但是却能显示出小狗很爱吃视频中的香肠，再加上视频中的小狗吃得很"优雅"，背景音乐也烘托得恰到好处，所以这个短视频很快就在抖音平台中爆红，很多看到该短视频的用户都购买了运营者推荐的香肠。

图 1-1 某运营者发布的商品推广短视频

2．所获用户更精准

什么是精准的用户群？如果你的商品是化妆品，那就可以找时尚美妆账号投放广告，直接获得目标人群的关注。如果没有广告预算，那就可以直接做电商种草账号，拍摄自己使用商品的内容，软植入商品，这样吸引过来的用户都是精准人群。

3．能触达更多用户

大家应该都知道传统电商的局限性很大，而抖音是去中心化的，它的推荐机制非常公平，只要作品内容足够好，就能帮助你上热门，让更多人看到你的作品。

4．抖音是个聚宝盆

如今，抖音的日活跃用户群基数很大，而且抖音上的用户大都是一、二、三线城市的年轻人，对于商家、商品而言，这里不仅是提高曝光度的好地方，还非常适合商品的销售。

5．做抖商的门槛很低

了解抖音的朋友应该知道，只要拥有一部手机，就可以做抖商，这比起淘宝电商要简单得多。所以，从电商到微商再到抖商，不仅说明了用户的喜好在不断变化，也体现了商业模式的变化。微商、传统电商从业者大规模涌入抖音的背后，正是抖音日益彰显的流量与变现能力使然。

贝壳视频的创始人曾说，贝壳视频收入主要来自"广告+电商"，广告占大头。他对于未来的商业化目标有更大的野心："短期内，至少这两三年，短视频广告会是一个很大的市场，因为目前仅仅是开端，接下来会有更多品牌主将短视频广告包含在预算内，而且预算盘子也会越来越大。"

那些从微商、电商过来的后来者们，更想抓住抖音快速商业化的机会。笔者身边一位做微商的朋友就说："之前都赶晚了。我曾经做过淘宝客，后来做微商，但都不是在最好的时机。现在风口很显然就是抖音，错过了微商，不能再错过抖商了。"

抖商大学的董事长也曾说过自己错过了微商时代，希望能在抖音做一些正能量的引导。和那些从微商转做抖商的人不一样，他更愿意将抖商称为短视频变现，他说："我们就希望讲一个很真实的案例，告诉大家怎么创作内容，怎么带火流量，怎么建设供应链，怎么维护用户关系，怎么做品牌形象建设的。"

所有人都在等着，想从抖音商业化的浪潮中分一杯羹。正如《失控》的作者所说："目光聚集之处，金钱必将追随。"

2016年9月，抖音上线；2017年9月由第一支品牌视频广告开启商业化路程；2018年更是推出星图平台、企业蓝Ⅴ计划等商业化措施。

显然，抖音的商业化程度也在逐渐加深，不管是打造个人IP影响力，还是塑造企业商业化品牌形象，抖音都成为目前必不可少的一个平台。

1.2 杀出重围：抖音究竟凭借什么秘诀

抖音上线时，就已经有许多互联网巨头纷纷进军短视频市场了，当时的短视频平台可谓是琳琅满目，而抖音在经过短暂探索之后便快速走红，很快成功杀出重围，与短视频行业老大"快手"齐名。

在竞争如此激烈的市场中，没有先发优势的抖音却能杀出重围，那么它究竟有什么取胜的秘诀呢？这一节笔者将进行具体的分析。

1.2.1 抖音的商品定位

抖音的商品定位是短视频社交工具，从抖音当前的主要特点来看，其主要用户群体及需求如下。

（1）自媒体、网红、明星等：这群人本身就拥有一定的影响力，他们更多的是希望借助优质短视频内容的发布，在增加粉丝的同时，进一步提高自身影响力，并在此过程中获得一定的收益。

（2）网店及第三方运营人员：这部分人主要是希望通过抖音平台提高自身的知名度，并将抖音的流量引导至目标平台。

（3）积极的运营者：这部分人本来的知名度不高，其主要目的就是通过在抖音上的运营，打造个人 IP（Intellectual Property，知识产权），从而获得更多收益。

（4）消遣的用户：这部分人通常不会主动创作短视频，他们只是将抖音作为一个消遣的工具，没事就刷刷，单纯图个乐子。

1.2.2　抖音的竞品分析

抖音目前的商品定位是主打音乐短视频的社交工具，有直播功能。它的竞争对手主要有以下 4 种。

1．快手

快手自 2012 年转型为短视频社区以来，就着重于记录用户生活并进行分享。其后，随着智能手机的普及和流量成本的下降，这一款手机应用也迎来了发展的春天。

早在 2019 年，快手商业生态负责人就在快手商家号升级发布会上表示：快手每日新增用户数超过 1 万，快手商家号用户已超过 60 万，且每日新增的商家作品超过 50 万。

在笔者看来，快手发展得如此迅速，与其特性和热门综艺认证是分不开的。例如其中的滤镜和魔法表情，就是喜欢拍摄短视频的运营者需要用到的，而且它在种类和效果上还具有一定的优势。图 1-2 所示为快手的部分滤镜和魔法表情展示。

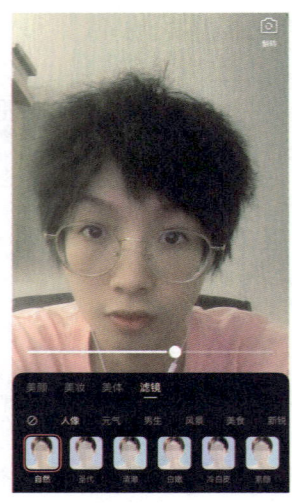

图 1-2　快手的部分滤镜和魔法表情展示

另外，快手区别于其他短视频平台的一个重要特征就是在功能的开发上。对于功能，它并不着重于数量的多少，而是追求简单易用，并积极进行功能的提升。也正是这一特征，使得用户乐于使用快手来制作、发布和推广短视频。

运营者如果想要利用短视频推广商品，同样可以在快手中进行设置。在快手App 的发布界面中，可以看到一个"作者服务"选项，❶选择该选项，会弹出对应的对话框；❷选择对话框中的"关联商品"选项，即可在发布的短视频中添加商品链接，如图 1-3 所示。

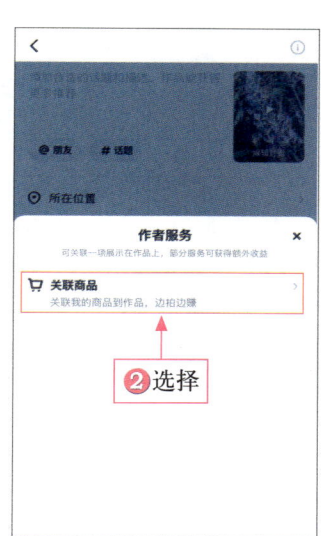

图 1-3　在快手短视频中添加商品链接

2. 火山

火山小视频 App 是一款主打 15 秒短视频拍摄的手机视频软件，也是一个以视频拍摄和视频分享为主的短视频社交平台。

火山小视频 App 作为热度较高的一款短视频拍摄软件，有其独特性，这主要体现在 5 个方面，具体内容如下。

（1）通过平台制作视频非常方便、快捷——只要 15 秒。
（2）基于精准的大数据算法，为用户提供个性化内容。
（3）提供强大的视频特效功能，让视频内容快速升级。
（4）画质清晰的视频实时上传，给人精美的视觉感受。
（5）提供直播功能和美颜滤镜，实现用户高颜值直播。

同时，火山小视频为了加快发展，吸引更多人关注和参与，故而推出了一系列与小视频相关的扶持计划，如图 1-4 所示。

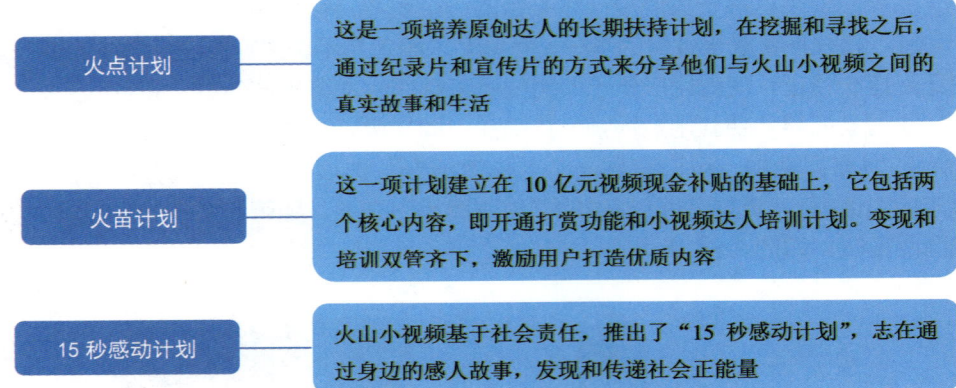

图 1-4　火山小视频推出的平台扶持计划

在火山小视频 App 上进行推广，一方面可以借助该应用的特点打造个性化视频，另一方面可以借助平台的扶持政策，做到两者兼收，因此，在火山小视频 App 上的短视频运营之路还是可期的。

3．美拍

美拍 App 是一款集直播、手机视频拍摄和手机视频后期制作于一身的视频软件，自 2014 年面世以来，就赢得了众多网友的狂热追捧，可以算得上开启了短视频拍摄的大流行阶段。

后经众多明星的使用与倾情推荐，每当人们一想起短视频拍摄，总会想到美拍 App，所以这款软件深入民心的程度可见一斑。美拍 App 曾创下 4 个"最"的记录，具体如下。

（1）短视频领域，用户规模最大。

（2）微博平台上的话题阅读量最多。

（3）"全民社会摇"广场活动参与用户最多。

（4）"扭秧歌"春节拜年活动用户规模最大。

此外，美拍 App 主打"美拍＋短视频＋直播＋社区平台"。这是美拍 App 的第二大特色，从视频开拍到推广和分享，一条完整的生态链，足以使它为用户积蓄粉丝力量，并成为一种营销方式。美拍 App 主打直播和短视频拍摄，以 20 多种不同类型的频道吸引了众多粉丝的加盟与关注。

除了拍摄功能外，美拍 App 还有一些细节功能：一是为用户提供了 15 秒、60 秒以及 5 分钟的视频时长选择功能，从而为用户的短视频拍摄时长提供了更多选择；二是推出了强大的 MV 特效和大头电影等有趣的功能，能帮助用户拍摄出更具个性化的手机短视频；三是推出了表情文，让照片也能说话。

4．视频号

微信创始人曾经说过："相对公众号而言，我们缺少了一个人人可以创作的载体。"根据他所说的内容，我们可以给视频号这样下定义，即视频号是平行于公众号和个人微信号的内容平台，也可以说是一个人人可以记录和创作的平台。

视频号的入口就在微信 App 中，这也让它可以充分发挥微信的庞大流量优势，快速实现用户的获取。具体来说，用户只需进入微信 App，选择"发现"界面中的"视频号"选项，即可进入视频号平台，如图 1-5 所示。

 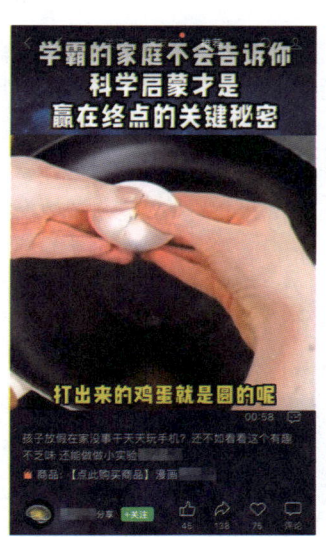

图 1-5　从微信 App 进入视频号平台

运营者发布短视频之后，在视频号上可以看到完整的短视频界面，包括：账号名称、视频内容、标题、外接链接、定位、评论和点赞数。

目前看来，视频号是独立创建的，也就是说视频号的粉丝与朋友圈的好友、公众号的粉丝是不相通的，需单独运营。但是，运营者却能通过一些方法让微信的相关板块建立联系。比如，运营者只需在视频号的视频中添加微信公众号的链接，即可将视频号平台中的用户引导至微信公众号中；又如，运营者可以在微信公众号中展示视频号信息，将微信号粉丝转化为视频号粉丝。

1.2.3　快速成长的因素

为了提高用户体验度，抖音针对软件本身的问题在不停地进行 bug 修复，比如像 3D 抖动水印、贴纸、炫酷道具、美颜、全景相机、AR 相机、染发效果和尬舞机等功能的更新为用户打造了更炫酷的视频玩法。

抖音电商：精准定位＋通晓算法＋引流运营＋直播带货＋橱窗卖货（第2版）

作为一个音乐短视频社区，如果单单只有炫酷好玩这些属性其实是很容易被其他平台取代的，而社交（尤其是熟人社交）能够很好地解决这个问题。因为熟人的社交关系能够给用户更好的归属感和认同感，可以更好地"黏住"用户，提高其使用频率。因此，抖音的商业定位也从最初的"专注新生代的音乐短视频社区"逐渐转变为"15秒音乐短视频社交工具"。

为了扩大品牌知名度，抖音在广告上也投入了不少资金，它曾与《我想和你唱》《高能少年团》《中国有嘻哈》等多款热点综艺节目进行合作，同时强势"现身"《天天向上》，博得了大量年轻人的关注。

此外抖音还举办了的各种线上线下活动，如"百万英雄"和"抖音iDou夜"等运营活动也是黏住了大量的新老用户。简单来说，在发展阶段，抖音就是大量投入资金，请当红的明星、进热门的节目、做大型的活动，在用户数积累到一定程度后，再慢慢开始通过企业的联合推广实现流量的变现。

总的来说，这个阶段抖音从迭代到运营都在全面发力，用户的活跃度也因此获得了显著的提高，它之所以能快速成长主要有以下3个主要原因。

（1）小步快跑的迭代开发模式：抖音整体的迭代更新其实十分密集，而且用户提出的问题也总能很快得到解决。此外，新功能方面也能够结合实际的发展情况不断依据用户的真正需求上线。

（2）和强势对手的差异性竞争：这个阶段短视频的老大应该是快手，而抖音选择了以不同的姿态进入短视频市场——即内容的中心化，避开了成熟商品的锋芒，而又不违背其商品定位，以正确姿态入场让抖音得以快速发展。

（3）精准有力的商品运营方案：抖音敢于大手笔地投入赞助各种综艺节目和电视台春晚，引入一线明星入驻，以及开展各种炫酷潮流的线上线下活动，其目的只有一个，那就是吸引爱玩的年轻人。抖音瞄准了这批目标用户的高密度聚集地，抓住了这群年轻人的内心痛点，进行了大量的精准运营，可以说，它把大笔的投入都真正用在了刀刃上。

1.2.4 大量的流量变现

经过一段时间的砸钱增长，抖音拥有了大量用户后运营模式也有所变化，它开始通过自身的大量用户实现流量变现。

除了在线上通过短视频和直播销售商品之外，抖音还可以实现线下的流量变现。比如，线下实体店可以邀请运营者拍摄探店短视频，将抖音平台的用户引导到店铺中消费。

图1-6所示为某运营者发布的探店短视频，用户只需点击该短视频中的定位链接，即可在弹出的对话框中查看店铺的相关信息，有需求的用户还可以在线

上参加店铺的团购，然后去线下用餐。

图1-6 某运营者发布的探店短视频

1.2.5 成长周期的节奏

从整个发展过程来看，抖音之所以能够在众多的短视频商品中突围而出，其主要原因是成长周期的节奏把握得很好，具体来说可分为以下几点。

1. 主要竞品的差异化入场

抖音刚开始进入短视频领域时，选择了和行业老大快手（去中心化，弱运营）完全不同的入场方式，即内容中心化，强运营推广。差异化的入场竞争让抖音得以存活并快速站稳脚跟，从而为后面的快速发展创造了条件。

2. 迭代节奏稳扎稳打

抖音在功能的迭代路径上十分稳健，敏捷开发模式在抖音的整个生命周期内体现得淋漓尽致。在整体方向上，前期注重工具属性，利于拉新；后期注重社交属性，利于留存和实现自增长，抓住商品发展不同时期的核心需求进行迭代，这也是抖音能杀出重围的一个重要条件。

3. 运营策略上收放自如

收放自如的运营策略也是抖音成功的一个重要因素，即低成本运营→大量投入运营→合作变现→变现+品牌打造。该低投入的时候就低投入，该强运营的

时候就针对目标群体"快、狠、准"地进行轰炸,然后收割流量并打造自身品牌,实现流量、收益、品牌全丰收。

目前,抖音仍处于商品的成熟期,在接下来的一段时间里,它很可能会通过继续和第三方企业进行合作推广,以及引入合作商家等方式进一步实现自身流量的商业化变现。

1.3 分析原因:抖音为什么会受到欢迎

抖音带火了一分钟以内的短视频平台,微博、秒拍、快手等短视频平台不断招募优秀的内容制作团队,内容制作者也开始往专业内容制作方面发展,行业竞争正逐渐进入白热化的阶段。

整个短视频行业,大概有400多家机构涉足,那究竟是什么原因让大多数个人创作者和商家会选择将抖音作为视频自媒体的主战场呢?

在分析抖音本身的特点之前,我们先来谈谈抖音的前世今生——也就是字节跳动的创始人张一鸣和他的头条系列商品。如今字节跳动备受外界关注,公司的组织架构不同于大多数互联网公司,内部并没有按业务线划分的事业部,只有3个核心职能部门:技术、用户增长和商业化,分别负责留存、拉新和变现。

这3步是任何一个移动商品从无到有、从小到大的核心。公司员工也是按照项目组灵活配置,人员的流动性比较大,一般不会出现一个人长期固化在一个岗位的情况。如果一个人喜欢一成不变,那么他多半也难以适应这个公司。

现在,包括字节跳动在内的许多科技公司,都能快速将一个App做到傻瓜式的操作程度。基本布局、重点功能、图形化设置等,早就有了成熟的可选方案。只要公司看准一个方向,就会同时做好几个商品,哪个先跑出来,数据好,就会重点支持哪个。

2016年,张一鸣决定发展短视频,当时抖音、火山、西瓜视频就几乎同时启动。刚开始火山的数据表现最好,同年8月推出独立App软件,两个月后就接入头条算法系统。抖音在前期用户增长并不快,但是随着技术优化,抖音的留存做得还不错,用户黏性足够高,于是字节跳动所有的优质资源就都向抖音这个项目上倾斜。

2017年初,抖音在短视频排行榜上还只是位列第90名,那个时候还没有被各商业巨头重视。同时间段的快手,当时日活跃量已经有1亿,似乎就要稳坐短视频头把交椅,万万没想到却被抖音弯道超车。快手当时用户人群主要是在三、四、五线城市,大都是小镇青年,流行的是老铁文化。而抖音的切入点恰恰相反,是一、二、三线城市的人群,活跃在抖音的都是高颜值的小哥哥和小姐姐,他们都有自己的生活方式。

除了人群不一样，快手和抖音的侧重点也不一样。快手涨粉相对比较慢，但是粉丝黏性很高，主要是因为快手更重视人设的打造。而抖音是以内容为侧重点，在抖音不管你是谁，无论你是新手还是达人，只要你的作品互动比达到了推荐标准，抖音就会把你的作品推向至热门。

2017年8月份，抖音用户量就已达3.13亿。仅2017年前3个季度，光融资就高达4亿元，月活跃用户则突破5亿。

这就是抖音，一个现象级商品。接下来我们再回到这个商品本身，抖音之所以能快速占领市场，背后一定有很多值得我们学习的地方，本节笔者就从5个方面进行具体分析。

1.3.1 一流的软件设计和用户体验感

抖音里有很多简洁流畅的界面设置和操作细节，现就"关注"这个小操作，我们来对比一下微信公众号和抖音的操作细节。

我们先来看一看微信公众号的关注步骤。大家都知道，在阅读一篇文章时想要关注微信公众号，❶需要先点击文章正文上方的公众号名称，进入"公众号"界面，❷然后点击"关注"按钮。操作完成后，才会进入公众号，完成对公众号的关注，如图1-7所示。无疑，用户要关注一个公众号，需要操作的步骤较多，这样做大大增加了关注的难度。

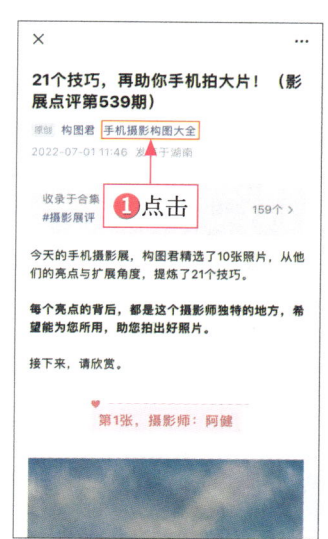

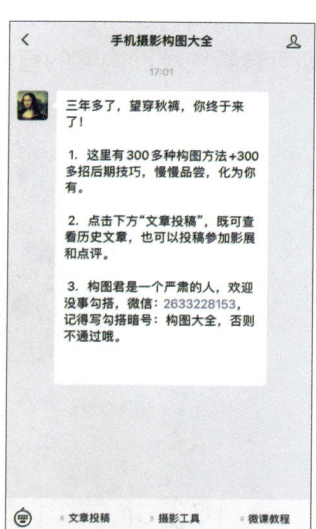

图1-7 关注公众号的操作步骤

而抖音呢？想要关注对方，既不需要跳转，也不需要悬浮窗，只要你喜欢，点击用户头像下方的 ⊕ 图标就好了，如图 1-8 所示。

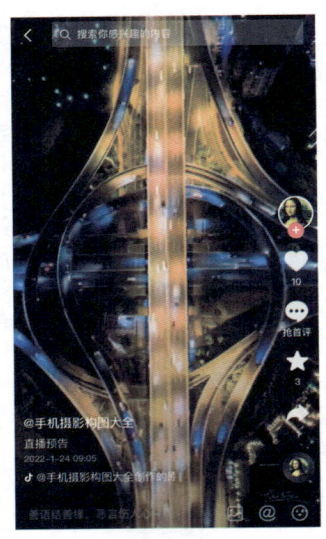
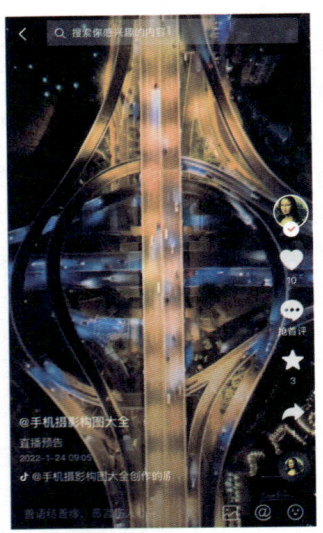

图 1-8　关注抖音的操作步骤

另外，为了让用户获得更好的体验感，抖音还推出了不同的观看模式。以直播为例，很多平台的直播观看模式都是将弹幕、贴纸等信息覆盖在画面上（左图），而抖音除了这种模式之外，还推出了清屏模式，用户只需向右滑动界面，即可查看纯画面内容的直播（右图），如图 1-9 所示。

图 1-9　抖音直播的两种观看模式

这样一来，用户便可以根据自己的喜好来选择直播观看模式，如果想要留意直播弹幕，可以选择常规模式；如果想要更好地观看直播画面，则可以选择清屏模式。

1.3.2 巧妙有趣的挑战和话题互动设置

抖音的挑战和话题具有非常强的互动性，它一直在尝试刻意引导和诱发抖音用户产生互动的行为。

细心的抖友可能会发现，连载剧情类的账号越来越多了，这些账号每个作品之间的关联度和故事性引发了诸多人的围观，比如刚刷到一个女生被抛弃了，特别悲惨，下一秒摇身一变，让人觉得高攀不起了，是不是很神奇、很意外。

再举个生活中的例子，有一个人拍了一段抖音，讲自己送女神拔罐器，然后网友就找到了女主的抖音号，接着这个人在抖友的怂恿下开始追求高冷女神，直到女神慢慢接受追求。

运营者也可以借助挑战和话题来增加内容的曝光量，让更多用户参与到互动中来。比如，某商品营销推广短视频中添加了多个话题，如图 1-10 所示。这样不仅可以增加短视频的搜索曝光量，还能吸引用户参与评论，从而提高短视频的互动率。

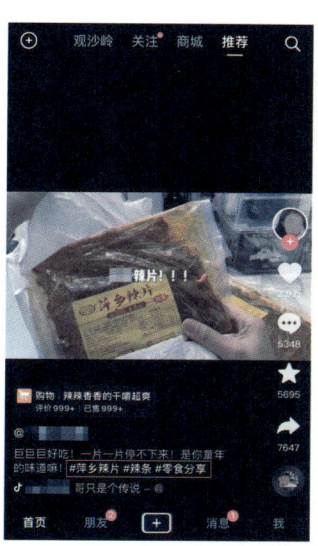 

图 1-10 在营销短视频中添加多个话题

1.3.3 特有的推荐算法和内容分发机制

字节跳动公司设置了专门的算法平台组，用以提供最基础的推荐技术。每个

产品线都需要人与信息的连接，而技术层面的搜索和算法推荐，特别是算法，正是"头条系"商品崛起的内核。抖音就有八大推荐机制，可以让你看到想看的内容。

有没有谁还记得抖音的 slogan？就是"记录美好生活"。在内容方面，抖音设置了自身平台的风格和基调，而抖音除了年轻、潮流、好玩等标签之外，更关键的是它能唤起人内心深处的七情六欲和各种共鸣。

而且抖音推荐的标准并不是单纯以点赞量高为标准，而是根据点赞、完播、转发、关注等数据互动比来判断你是否具备进入下一个流量池的资格。

1.3.4　自成一派的抖音音乐"神曲"频出

许多人在谈到抖音时，会给它贴一个标签，那就是"神曲制造机"。这主要是因为抖音短视频的一大特点就是会为视频配置背景音乐，而随着抖音的发展，许多音乐也快速火爆。

如《海藻舞》《佛系少女》《学猫叫》《讲真的》《沙漠骆驼》《可不可以》《芒种》《小城夏天》等歌曲的走红，就在很大程度上得益于其在抖音短视频中的广泛使用。

以《小城夏天》为例，这首歌曾因为被众多抖音短视频使用而成为"抖音音乐榜"的第一名，如图 1-11 所示。

图 1-11　《小城夏天》被众多抖音短视频使用成为"抖音音乐榜"第一名

正是因为该歌曲被抖音短视频广泛使用，所以许多喜欢听音乐的人在抖音中被该歌曲吸引之后，会去其他音乐平台播放和下载该歌曲。于是，在QQ音乐"巅峰榜热歌"和酷狗音乐"酷狗TOP500"中，该歌曲也排在了榜单的前列，如图1-12所示。

作为采集、编辑和发行于一体的平台，抖音对原创音乐的包容性极强，和传统的音乐平台相比，它极大地缩短了音乐作品制作上市流程，也逐渐成为才艺达人的孵化和造星的平台。大家试想一下，如果抖音没有那些绕梁三日的魔性背景音乐，许多抖音视频作品将会变得索然无趣。

图1-12 《小城夏天》在QQ音乐"巅峰榜热歌榜"和酷狗音乐"酷狗TOP500"中排在前列

1.3.5 抖音占据了"天时、地利、人和"

除了上述4点有别于其他短视频平台的主要因素以外，抖音的发展还有一些不得不说的外部因素，也正是我们常说的"天时、地利、人和"。下面，我们就来看看"天时、地利、人和"是如何将抖音一步步推上短视频"神坛"的。

1. 天时

相较于微博微信，目前短视频这种媒介进入高速发展期，其娱乐性、陪伴性、社交性获得高度认同。

据前瞻产业研究院的数据显示，截至2021年12月，我国网络用户规模达到9.75亿，占网民整体的94.5%，与2020年12月相比，网络视频用户增加

抖音电商：精准定位＋通晓算法＋引流运营＋直播带货＋橱窗卖货（第 2 版）

了 4797 万。由此不难看出，我国网络市场的良好发展态势，而短视频又是网络市场中发展态势最好的行业之一。所以作为短视频行业领头羊的抖音，自然也获得了飞速发展。

2．地利

日新月异的技术支撑了短视频行业的发展，诸多层出不穷的视频辅助工具，也推动了行业的繁荣，如剪映、快剪辑、爱剪辑、巧影等剪辑 App；还有视频拍摄 App，如轻颜相机、美颜相机等，强大的滤镜美颜功能，让人们在镜头里越来越漂亮、越看越好看，也越来越有自信。

3．人和

有人说国内短视频的发展正在走国外家庭生活记录的路子。在国外，人们通常借助像 YouTube 这样的视频平台，来记录自己的生活，它比图文更丰富、更有感染力、更有意义。

以前的图文，让人们得以了解二维的世界。现在人们通过抖音，自我得以延伸和发展。比如，用户可以通过拍摄和发布 Vlog，来记录、展示生活中的点点滴滴，增加他人对自己的了解，如图 1-13 所示。

 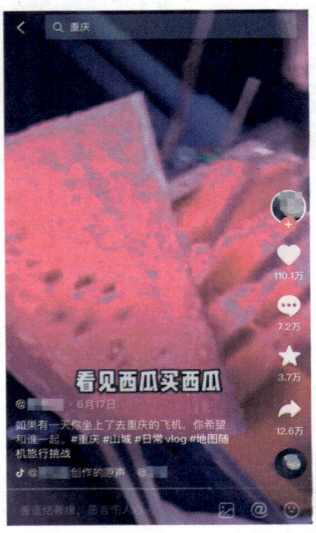

图 1-13　通过 Vlog 记录、展示生活中的点点滴滴

第 2 章

抖音养号：从 0 到 10 万粉丝的养号窍门

要想让粉丝数量快速从 0 变为 10 万，其中有一点很关键，那就是通过养号，提升账号的权重，让你的内容被抖音推荐给更多用户。

那么，抖音是如何养号，从而更好地打造吸金账号呢？这一章笔者将从 3 个方面进行解读。

抖音电商：精准定位＋通晓算法＋引流运营＋直播带货＋橱窗卖货（第2版）

2.1 一个权重高的抖音号的打造

很多玩抖音的朋友，因为不懂抖音的规则，没有养号就开始发作品，导致自己的账号权重较低，作品播放量连200次都不到。那么，怎样打造一个权重高的账号呢？本节就来解答这个问题。

2.1.1 什么是抖音养号

抖音养号就是通过一系列刻意操作来提升自己账号的初始权重。你的权重也就是你在抖音心中的位置，权重越高抖音官方就会给你更多的播放推荐量，这样你的推荐量自然也会越高。而推荐量的提高也就意味着有更多的人能看到你，你的品牌也就得到进一步的推广。

养号是抖音运营非常重要的一个环节，之所以要养号，是因为现在营销号太多了，抖音官方为了将精准的流量给予优质的内容创作者，会根据不同的维度来检测你的账号是不是一个正常的账号。那么，抖音是怎么判断的呢？简单来说，抖音会关注运营账号平时的点赞、完播率、评论、转发、关注等数据是否正常，并在此基础上来判定账号的权重。

另外，现在很多人都把拍短视频当成一个赚钱的途径，如果是抖音出现的早期，你随便拍点什么都可能会火，而且抖音也不给你限流，因此那个时候很多人一个作品就轻而易举就涨粉10万。可是现在还行吗？现在抖音平台每天都有数十万个作品更新，但是这其中大部分在抖音看来都是低质量的作品。那抖音是如何区分低质量的账号的呢？就是看你平时玩抖音的行为轨迹，这也就回到前面说的养号了。

所以，养号最终的目的也就是告诉抖音你是一个正常用户，你不会利用账号在平台乱来，从而获取平台信任，让平台给你相应的流量。

大多数人都犯过同样的错误，就是看到别人说玩抖音能赚钱，于是上来就开始抱着跃跃欲试的心态发作品，暂且先不说作品的质量，就说作品的播放、推荐量，也就是看的人数，是不是大都在300人以下？

为什么会这样呢？是因为你上来就发作品，这就好比你都不认识对方，上来就想跟别人借钱，别人能借给你吗？同样的道理，你要先通过一系列操作获取抖音的信任，让平台知道你是个正常用户，然后再精心准备一个作品发出去。

养号对于活跃的健康账号来说其实并不需要，只是针对刚玩抖音的新手。如果你已经对抖音规则非常了解，只需要保持账号活跃度就可以，无需按照本书建议进行养号，可以将更多精力放在内容优化上。关于内容优化方法，笔者会在后面的内容中具体为大家进行解读。

2.1.2 需要养号的 4 种情况

上一节我们讲了什么是养号，相信大家对养号已经有了一个初步的认识。接下来要告诉大家哪几个阶段需要养号。看看你现在处于哪一个阶段，如果你处于下面 4 种情况之一，那你就要有意识地开始养号了。

1．刚刚注册的新抖音号

这个比较好理解，作为一个新来的陌生人，需要先熟悉平台的规则，通过一系列正规操作，让抖音知道你是个正常的用户，不会做出违反平台规则的操作。

2．注册很久的老抖音号

很多朋友以前没意识到抖音的重要性，曾经下载过，觉得浪费时间又删除了，等意识到原来抖音居然蕴含着大量机会的时候，又重新安装了抖音。这种账号，基本上都是在刷视频，也就是在看热闹，自己基本很少发视频。总之，就是作为一个曾经的旁观者，现在想在抖音上获取利益。

可是，你若刚回来就发作品，这就好比平时你不联系对方，现在突然联系对方，要不就是你转型做微商了，要不就是你缺钱了。抖音也担心，你的目的性太强了，有可能会破坏它的生态规则。那么，你是不是要花点时间给抖音一个重新认识你的机会呢？

3．收到官方警告和降权的抖音号

很多人在玩抖音的时候，不管不顾，一上来就打广告，结果就收到抖音的文字警告或者被限流了。什么意思呢？就是人家给你关小黑屋了，你只能自己跟自己玩。这样的账号就好比你犯了错误，被抖音平台孤立了。如果你还不知悔改，那就别想着被平台推流了。

4．推荐、播放量经常在 300 以下的抖音号

有的账号虽然没有收到平台的警告，但是视频的推荐播放量基本都在 300 以下，这就表示账号的权重一直都很低。如果只是开通一个账号自嗨倒也还好，但是要想让自己的账号获得更好的变化效果，就得想办法改变现状了。

上面这 4 种情况，如果出现其中一种或者几种的读者，不用痛苦，也不用纠结。只要你还想通过抖音实现你的人生价值，先勤勤恳恳养号吧！至于如何养号，笔者会在下一节告诉你。

2.2 做好三个方面能提升账号权重

快速养号，提升账号的权重，要做好以下三个方面。

2.2.1 不要频繁切换网络和换机使用

随着抖音的兴起，不只是你看到了抖音蕴藏着巨大的商机，那些投机倒把的人也看到了。所以，有很多居心叵测的"坏人"，利用营销工具和网络模拟器批量做号，至于他们的目的是什么相信大家都应该清楚，无非就是为了快速获利。

这样的行为，抖音能眼睁睁地让它存在吗？当然不能，所以抖音通过技术检测，一旦发现你频繁切换网络以及经常用不同的手机登入抖音号，就会被抖音监控，严重者甚至会被限流。

为了避免被误判抖音为营销号，原则上大家要保证"1机、1卡、1号"，也就是1部手机、1张电话卡下只登录1个抖音号，并且在使用抖音过程中尽可能全程使用手机自带的网络。

2.2.2 账号的个人信息要尽量完善

头像、名字、简介、性别、所在地和学校等个人信息都要认真对待，千万不要不重视这些信息。如果你不填，而且还发了大量短视频，抖音就会觉得你"不安好心"。

如果运营者进入"我"界面，就会看见"编辑资料"按钮中显示了个人资料的完善程度（如果规定的资料都完善了，"编辑资料"按钮中就不会显示百分比），由此也不难看出抖音对于账号个人资料的重视，如图2-1所示。运营者只需点击"编辑资料"按钮，即可在"编辑个人资料"界面中，看到需要完善的信息。

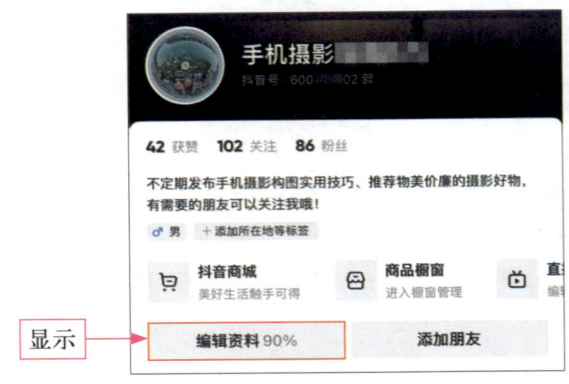

图2-1 "编辑资料"按钮中显示个人资料的完善程度

另外，如果你的抖音号粉丝数量还没到1万，千万不要留任何社交媒体的账号。还有，如果你有头条账号，一定要记得绑定，头条账号的粉丝是可以同步到抖音的，绑定后能增加账号权重。最后，实名认证一定要填写，抖音会根据你的真实信息进行查重。

2.2.3 通过操作保持账号的正常活跃

抖音偏爱那些"听话"且重度使用的原创作者，所以账号的注册时间越长，使用习惯越符合正常用户的逻辑，就越容易保持账号的权重。注册抖音号之后的3～5天通常可以借助以下操作来保持账号的权重。

（1）每天至少花半小时刷热门和看同城内容，并且要保证完播率。

（2）看到喜欢的直播进去看看，没事就翻一翻抖音的热搜榜单、挑战。

（3）一定要在搜索框中搜索关键词找到感兴趣的同类账号，然后关注10个左右，并浏览他们的作品。看看他们是怎么运营创作的，也方便抖音给你贴上一个标签，保证下次你发作品的时候能够精准推送。

2.3 5条思路，快速打造吸金账号

想要把抖音号做成一个吸金的抖音账号，需要多维度地进行理性的思考，笔者给大家提供5个思考方向。

2.3.1 思路1：看清生态，学会借力

抖音是一个年轻人的音乐短视频社区。近年来，抖音一直通过各种各样的市场活动来构建自己的内容和营销生态。2019年，抖音更是将商品衍进和内容生态建设纳入发展战略，希望为用户打造更为开放、共享的短视频平台。

如何看清抖音这一平台的内容生态构建呢？我们可以从抖音的实际举措、抖音爆款类型、抖音内容底线这3点来分析，先来看一下抖音的几大举措。

第一个举措，为推动充满年轻、流行、美好、正能量等元素的IP发展，2018年"抖音美好奇妙夜"在全球范围内落地。同时，iDou之夜、明星PD计划、音乐专辑"听见·看见"等的发布，也将提升抖音平台内明星和达人的价值，助力更多优质IP的诞生。

第二个举措，为实现对音乐的扶持，抖音推出看见音乐计划、音乐发布、iDou School音乐打榜节目、麦田音乐节等项目，为更多有才华的音乐人提供了更多的机会和资源。

第三个举措，为实现垂直内容的深耕，抖音推出了多元用户的圈层计划，满足不同圈层用户对内容深度的需求。比如，在文化领域，抖音结合传统文化精髓，联合七大博物馆以文物戏精大会为主题推出"第一届文物戏精大会"，视频累积

抖音电商：精准定位＋通晓算法＋引流运营＋直播带货＋橱窗卖货（第2版）

播放量达到 1.18 亿人次。

从这 3 个举措中，可以看出抖音在支持美好内容生态方面作出的努力，我们再来看下抖音热门爆款作品的类型。

虽然高颜值的出镜者能够提高短视频的观赏性，但是抖音的爆款短视频中其实只有一小部分是靠颜值取胜的，更多的短视频是在记录和分享美好生活。因此，除了高颜值的劲歌热舞之外，还有很多其他类型的内容值得我们去挖掘和创作。

目前，抖音的爆款内容主要集中在音乐、舞蹈、搞笑等品类。而抖音官方则希望旅行、美食、时尚、体育、游戏、萌娃、萌宠这 7 种品类能够出现更丰富的内容和更多的爆款。

刚才说到了抖音的爆款类型，我们再来看下，要想在抖音平台做内容，底线在哪里。2018 年 6 月 1 日至 6 月 30 日，抖音平台累计清理了 27 578 条视频，9415 个音频，235 个挑战，永久封禁了 33 146 个账号。

被封账号大多包含下列内容：色情低俗、辱骂谩骂、造谣传谣、版权侵犯、内容引起不适、涉嫌违法违规、侵犯未成年人权益。

2019 年 4 月 14 日，抖音电商小助手发布了限流 6 种内容的通知：为了维护账号的健康发展，将不再对"图片轮播、心灵鸡汤讲述类视频、无口播拆箱视频、街头采访/售卖不相关商品、提到价格的招揽式好物推荐、低俗或尬演小剧场"进行推荐。所以，想要做好抖音号，就要避开这几种视频类型。

2.3.2 思路 2：明白用户喜欢看什么

上面我们分析了抖音爆款作品的几大类型，可以大致看出用户偏好。对于抖音这款现象级商品，许多人都很喜欢其人性化的设计。比如，只要轻轻滑动就能切换视频，随机得到刺激奖励、旋律简单的耳虫音乐、无法预知的刺激内容。

而我们想要做出好的、引人关注的内容，也要注重用户的本能需求。那用户到底有哪些本能需求呢？笔者总结出 5 点，具体如下。

1. 消遣解压

快节奏的现代生活让大家都倍感压力，尤其对普通大众来说，抖音发挥了一个泛娱乐平台的作用，成为用户的杀时间利器。做好抖音号，你的视频作品就算不能把人逗乐，也得让人暂时脱离现实生活，给人一个宣泄情绪的出口。

图 2-2 所示的两个短视频中，本来画面内容就已经比较搞笑了，再加上运营者还根据内容进行了配音。这样一来，无疑为短视频增添了许多笑料，而很多用户看到该短视频之后，也纷纷表示"笑到肚子疼"。像这种能把人逗乐的短视频，就给用户提供了一个宣泄情绪的出口，让用户从中得到快乐。

图 2-2　能把人逗乐的短视频案例

2．有社交价值

衡量一个视频是否具有社交价值，有 6 个可以参考的维度，分别是归属感、交流讨论、实用价值、拥护性、信息知识、身份识别。

比如，某短视频中环卫大爷打扫卫生时看到半瓶矿泉水，又没看到周围有人，于是以为是没人要的，便将水倒了准备将瓶子回收。这时候跑过来一个女生，她说自己只是走开打了个电话，结果水就被倒掉了，该女生对环卫大爷一顿指责。这时候旁边有一个女生看不下去了，便站出来与这位没有保管好自己水的女生理论。

该短视频发布之后，迅速引来了大量抖音用户的交流和讨论，短视频评论量很快就破万了。

3．视觉上的奖赏

不夸张地说，抖音极大地提高了用户对画面审美的阈值，出境的人物、道具、拍摄的环境，尽可能都要令人赏心悦目。特别是一些美观的事物，大部分人在看到这类事物时，都会习惯性地想要多看几眼。

图 2-3 所示为一条关于高颜值女装的营销推广短视频，可以看到，即便这条短视频有明显的营销痕迹，但因为运营者是从穿搭的角度切入的，不容易引起用户的反感情绪，所以也获得了几千个点赞。

图 2-3　高颜值女装的营销推广短视频案例

4．引发情感共鸣

人有七情六欲，运营者要尽可能多一些洞察力，借助常见的生活事件素材与用户取得心理上的共情和共鸣。比如，人人都会经历的几大人生主题：工作、情感、财富、健康等，每一个大主题下又可以衍生出小的主题，每一个小的主题又可以衍生出不同的事件。

比如，某抖音大 V 账号就是以情感类短视频闻名的，其之所以能获得成功，就是因为发布的短视频，总能让观看的抖音用户产生情感和心理上的共鸣，图 2-4 所示为该抖音大 V 账号发布的短视频。

5．有知识价值

抖音上有相当一部分账号会输出有用的知识技能，有些知识技能也特别适合用短视频这种媒介呈现。各种各样的实用技巧、资源整合、必备清单、旅游饮食攻略等，也属于这一类，能引发人们点赞收藏的冲动。

图 2-5 所示的短视频主要就是给抖音用户分享万能的缝补小技巧，许多用户在看到这则短视频之后，觉得视频中的技巧很实用，自己又学到了新东西，于是纷纷进行点赞。

以上 5 点，基本上囊括普通用户的本能需求。但是，很多人做抖音号，不仅不知道从目标用户的角度出发考虑，而且对自身能输出什么样的内容也缺乏起码的认知，接下来，我们就从用户出发，来聊一聊具体该怎么做。

图 2-4 某抖音大 V 账号发布的短视频

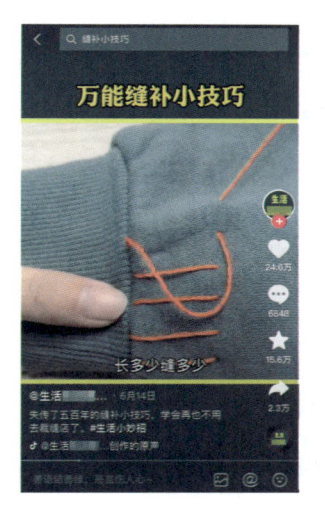

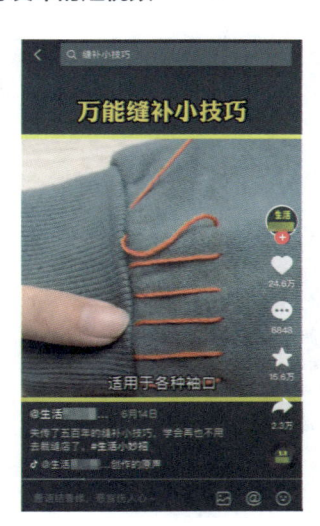

图 2-5 分享缝补小技巧的短视频

2.3.3 思路 3：你的"看点"在哪里

纵观抖音上的作品，存在一个普遍的现象：素人比明星红，作品比账号红。每一个普通人都有机会借助一个视频走红抖音。在抖音这个表演为重的平台上，如何挖掘自身优势，我们可以问自己几个问题。

（1）你在某一个工作领域是否有所积淀？

（2）你是否有无处安放的才艺？比如跳舞、唱歌、杂技、脱口秀等。

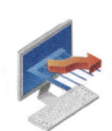

（3）你是否有身体上/颜值上的优势？

（4）你是否有别人做不到的"神"技能？

（5）你的行为/外貌是否有记忆点？

如果没有，那再问自己：回顾你自己的身份标签，比如社会阶层，你是否能够代表高阶/中阶/低阶中的非典型人群，展示不一样的日常？

总之，看点可以归纳为3个"稀有"：稀有的人、稀有的事情、稀有的环境。

2.3.4　思路4：商家青睐什么样的账号

从商业变现角度出发，总结商家一般青睐什么样的账号。

目前商家在抖音上投放广告，主要有两种渠道，一是通过抖音星图平台，二是与抖音达人自主联络进行视频内容合作。

先说第一种，抖音星图平台是链接广告主与达人的桥梁。星图平台对抖音达人的保障非常到位，对于个人，广告报价是多少，合作成功后个人就能拿到多少，并且产生的个人所得税是由抖音承担的。

另外，那些入驻了星图平台的抖音号的主页界面中还会显示"找我合作上星图"链接，商家只需点击该链接，便可以进入"达人详情"界面，通过该界面中的信息（部分信息需要通过抖音平台的资质认证才能查看）来判断对应账号是否适合自己，如图2-6所示。

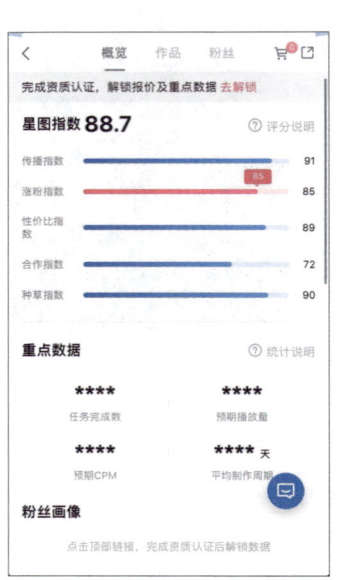

图2-6　查看抖音号的星图信息

如果商家采用第二种广告投放方式，也就是直接与抖音红人对接的合作方式，会缺少官方的支持，作品将面临被删的风险。尽管抖音达人广告对接资源社群很多，不过商家对达人的选择非常慎重，他们可能会考虑以下几个因素。

1. 抖音账号的辐射人群数量大小

通俗来说，抖音号的辐射人群数量大小就是指抖音号粉丝数量的多少。当然，不一定粉丝越多转化就越好，也有的号虽然不到一万粉丝，但是单条视频转化数额能达到几十万。粉丝数量只是商家预估广告投放效果的一个基本的参照值，互动比、获赞数同样重要。

2. 抖音账号的定位是否垂直精准

内容是否足够统一垂直？粉丝黏性是否足够高？一般来说，越垂直的账号，越容易赢得商业上的成功。目前抖音上有公益、艺术、时尚、动漫等60多个不同的垂直品类，并且每个垂直品类都在进行生态扩展。

抖音全平台最热门的前3个投放行业，分别是游戏、文化娱乐、护肤美容。以美妆为例，抖音上拥有大量百万粉丝以上的美妆垂直类达人，达人生态的繁荣让抖音上的美妆内容跳脱出早期的"反差卸妆"，转而涌现出更专业更垂直的内容商品。

基本上做这种美妆内容的账号只要有10万以上的粉丝就会有商家自动找上门，而且粉丝维度也可以供商家自主选择，比如性别、年龄、兴趣、关键词、城市地区、作息时间、天气、职业、运营商、手机品牌等。

不过也不能以热门广告投放行业来决定你应该做什么样的账号，刚才所提到的数据只是给大家一个可以参考的思路。因为市场因素不断变化，昨日的蓝海可能成为明日的红海，而今日的红海到明日就很有可能不再辉煌。

2.3.5 思路5：设置好抖音号的基本信息

除了上面4条思路之外，抖音号的名字、头像和签名，也与其吸金能力有着一定的关系。抖音号的名字、头像和个人签名就像我们人的外在形象一样，要是设计好了，不但能加深印象让用户信任你，而且还能塑造个人品牌。那究竟怎样设计呢？接下来笔者就给大家一一拆解。

1. 名字

我们先来说名字，很多人利用账号的名字打广告，写商品的名字或者提供的服务。企业账号这么做还好，毕竟企业运营抖音号的目的就是给自己做宣传，而且用户看到企业抖音号这么做基本上还能接受。如果是个人账号，笔者就不建议这么操作了，因为这会让用户产生防备和反感心理。

教大家一种常用的万能取名公式：行业（或职业）+你的艺名。什么意思呢？比如说我的账号是做营销的，那行业就是营销，我的艺名叫全网红，那我的抖音名字就可以叫：营销全网红。比如，有的演员的抖音号名字就是采用的"演员+艺名"形式，如图2-7所示。

图2-7 采用"演员+艺名"的形式命名的抖音号

还有一种取名的方式，就是取一个与内容无关，但是接地气的名字，让用户一看就能记住。

当然也可以直接用自己真实的名字作为抖音账号名，如果实在纠结不知道名字怎么起，大家可以看看同行和热门的视频，看他们是怎么起的，看得多了也就知道怎么起名字了。

最后，一定要切记，不管名字怎么取，一定要方便用户传播和记忆，不能让用户读起来绕口，想半天也想不起来你的名字叫什么！

2．头像

接下来，我们再来说头像。如果你是运营的企业账号，那就建议设计一个带有公司名的Logo作为头像，这样就能方便用户识别和品牌传播。比如，小米手机的抖音号头像使用的便是带有公司名的Logo，如图2-8所示。

如果你是个人号，可以挑一张自己满意的真人照片作为账号头像，如图2-9所示。如果不想真人出镜也可以用一个与你人设相关的动漫头像代替，注意照片一定要清晰，看上去高大上，千万不要上传模糊不清的头像。

3．简介

最后说账号简介，在这里还是不建议大家直接打广告。但是可以告诉大家你是做什么的，在这里也给大家提供一个万能公式，就是用3个标签串成一句话。

比如，笔者就曾用角色、爱好、性格这 3 个方面的词汇串成了一句话的简介，如图 2-10 所示。

图 2-8　小米手机抖音号的头像

图 2-9　将真人照片作为账号头像

图 2-10　笔者的抖音号简介

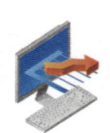

怎么样，看到这句话，虽然你没有见过我，但在你的脑海中是不是已经建立起了一个初步的印象？

大家还记不记得笔者在讲抖音养号时说过，不要频繁地更改个人信息。所以，抖音号名字、头像和简介设计好后不要轻易更改，尤其是在作品上热门的时候，如果突然更改，一旦被抖音监控到异常，就会被限流。如果确实需要更改优化的，可以在没发作品的时候逐步进行更改，千万不要听笔者一说就立刻大换血。

第 3 章

账号定位：人格化打造高流量 IP

什么是抖音账号定位？简单来说，就是确定账号的运营方向，让运营活动变得有的放矢。

为什么有的抖音账号用户看过一眼之后，就能马上记住？主要就是这些账号围绕自身定位，打造了一个人格化的特色 IP。

3.1 找准定位与人设：描述自己是谁

抖音账号何其多，即便是同一类型的账号数量也难以计算。那么，运营者如何让自己的抖音账号从众多账号中脱颖而出，在用户心中留下深刻的印象呢？其中，比较有效的一种方法就是找准定位与人设，向用户清楚地描述你自己是谁，你有什么独特之处。

3.1.1 人设究竟是什么？

外面有很多所谓的大师都在讲人设，如人物标签设定或者人格化运营等专业化术语，让人似懂非懂。那究竟什么是人设呢？

笔者用一句话来解释就是："一个人的身份和行为特征的呈现"。大家有没有发现，那些受欢迎的网红都有自己清晰的性格特征，能给人留下深刻的印象。这些呈现在大众面前的人设其实都是经过精心设计的，也就是说，你看到的，都是别人想让你看到的。

所以，要想让人记住你，在玩抖音之前，就一定要有意识地设计自己的人设。在这里，你要先问自己两个问题："你在大家心目中是一个怎样的人？""你能给别人提供什么价值？"

问这两个问题其实就是在对自己做一个初步分析，了解到底自己有哪些明显的特征，能给别人留下一个怎样的印象。

3.1.2 做好人设的 7 个基本要素

那么究竟如何打造一个好的人设呢？笔者给大家提供了一个方法论，也就是人设 7 要素。只要围绕着笔者提供的思路进行设计，你就能快速找准自己的人设。

1．形象和个性

利用形象和个性特征是打造人设的关键，就是用你的外貌特征或者特别之处，给观众留下记忆点。比如，曾经有位爆火的舞蹈网红，抖音有那么多跳舞厉害的小姐姐，为什么就她火了？因为她给大家留下的记忆点就是"初恋般的微笑"，去看她的每个作品都是露着牙在微笑。

2．兴趣爱好

你的人设一定要是你感兴趣的方向，并且有一定的经验或者阅历，否则你不喜欢而强行给自己加戏，一定会让别人感觉很尴尬。比如，某抖音号曾经一周涨粉 359 万，该账号的运营者除了做菜比较专业之外，平时也爱给自己媳妇做饭，所以他做的这个美食账号比同类型账号都要好。图 3-1 所示为该账号发布的短视频，可以看到该视频的相关数据都是非常可观的。

图 3-1　某运营者发布的做菜短视频

3．周围的环境和人

这点其实是让大家在构建人设的时候结合自己身边的环境或者人，只有记录生活中最真实的自己，操作起来才不会累。比如，有很多的情侣或者夫妻账号，就是用不同的方式将生活中的场景展现给观众。

4．用户需求

在确定人设的时候，一定要思考你的人设能满足大众的什么需求。比如，某个走情感暖心路线的账号，它满足的就是大众女性对"完美男人"的向往。我们都知道，这样的男人在这个世界上根本就不存在。而这个账号的出现，就给处于恋爱阶段的男性提供了学习模仿的参照物，同时也为单身的女性提供了美好的精神寄托。

5．市场差异化

这个比较好理解，就是你的人设和市面上同类型的账号相比有哪些不一样。如果只是跟风模仿，那你这个账号就不会有任何特色，而且还会激发用户将其和原作者比较的心理，实在是得不偿失。

比如，有个95后小姑娘因在火锅店跳俏皮舞的视频而在抖音出名，这个小姑娘走红之后好多人穿着中式礼服纷纷模仿，但现在大家记得的仍是这个小姑

娘，没有人会记得那些模仿者。

6．价值观

提起这个要素，可能很多人有些迷糊，设计人设怎么还跟价值观扯上关系了。这个真的很重要，因为人设下呈现的所有东西，其实就是一种价值观。所谓的价值观也就是你内心所相信和坚持的，良好的价值观才能支持你发展得更持久。

7．可持续

可持续指的是你的人设是否可持续，在此人设下能不能源源不断地产生内容。如果不可复制，只是昙花一现，用户很快就会把你忘记。

这其中比较具有代表性的当属某个情感类账号，该账号用漫画的形式塑造了阅历丰富的师傅形象和不懂就问的徒弟形象，然后通过师徒的对话向广大用户持续传达了关于人生和情感的许多道理，引发了大量用户的共鸣，如图 3-2 所示。

图 3-2　某情感类账号发布的短视频

3.1.3　学会给自己贴上合适的标签

玩过抖音的朋友，基本上都知道某个大 V，他的一句"好嗨哦！"传遍大江南北，无数女生成了他的死忠粉。你知道他在粉丝心中留下了怎样的印象吗？其实，就是一个能给人带来欢乐的"毒舌"闺蜜。

那这个"毒舌"闺蜜的印象究竟又是通过哪些标签树立起来的呢？笔者来说

一些，各位再仔细斟酌：反串、红头发、一人饰两角、贵州方言、魔性的笑声、表情丰富、说话犀利。上面这些都是这个大V身上的标签。能将这些标签集于一身，也就是他在抖音能火的原因。

现在给你10秒的时间，想一下你的标签是什么。注意，这里说的标签，是指你身上独一无二的。

是不是现在特别迷茫，实在不知道自己应该贴什么样的标签？迷茫就对了！笔者告诉你一个秘密，你在抖音看到的所有达人，他们所呈现在大众心中的人设，其实都是精心策划的。

一个好的人设不但能让人记忆深刻，而且还能帮助自己树立专业形象，快速获取粉丝的信任。有个河南大妈，感叹自己的农产品销量越来越差，就抱着试一试的心态找笔者一对一咨询。笔者在了解情况以后，根据她所处的环境以及她电话中呈现出的直率性格，给她设计了一套"快嘴山货大妈"的人设方案。

按照笔者的思路，大妈把自己的大嗓门和直率的性格优势发挥到极致，通过软植入的形式，将农产品展现在自己的正能量生活中，结果不到一个月的时间，大妈涨粉两万多。可能你觉得这个粉丝并不多，但正是这两万多精准粉丝，让大妈通过引流到微信，每个月至少比原来多赚一万元。

3.1.4 用一个词描述你是谁

描述自己是谁，看似很简单，其实是一个非常有学问的事。想要找准定位和人设，需要从两方面入手：一个是对内，一个是对外。

对内有两点：一是选择自己擅长或者感兴趣的领域；二是考虑是否易于操作。对外也有两点：一是所选择的领域还有没有机会；二是你所呈现出的内容是否能满足大众的需求点。

当然，有不少学员说自己什么都不会，把自己说得一无是处。笔者记得某脱口秀演员曾自黑自己是个废物，还说想做一个什么都不会的废物是需要天赋的，普通人只能好好活着。

他说完这句话之后，台下的观众立刻一片沸腾。甚至有网友评论"我信了，××总厉害"。在很多人眼中，这位脱口秀演员之所以能火，靠的就是一张嘴皮子，其他的似乎什么都不会。

其实，这位脱口秀演员的言外之意是想告诉大家，我们每个人都有自己的优缺点，我们要善于发现和培养自己的优点，或许你在某些方面真的存在一些不足，但是，每个人都会有自己的优点和长处。

笔者想告诉大家，人生真的很长，我们要敢于尝试、敢于突破自己。人生也很短，不要因为自己的缺点就低头一辈子，觉得自己一无是处。大家可以学学这位脱口秀演员，直视自己的缺点，发挥自己的优点。

在抖音上有个运营者，她和丈夫在上海做了点小生意，可以说两口子都是普通得不能再普通的人。

这位运营者就利用抖音记录她和她老公的打工生活，将两口子努力工作和互相照顾对方的日常发布在抖音上。视频没有任何修饰，也没有高大上的配音，只有他们默默照顾对方和干活的画面，但是每个作品基本上都点赞过千，而且其中还有一个作品点赞数超过 150 万，如图 3-3 所示。

图 3-3　某运营者发布的短视频

你们看，所谓的擅长并不是说自己要多厉害，即便是把家人照顾好，记录自己励志的生活，这也是一种优势啊！

3.1.5　分析同行，找到未被满足的点

俗话说知己知彼，才能百战百胜。做任何事情都离不开对比、分析同行，尤其是刚进入一个新领域的时候，你更要学会关注自己的同行。接下来，笔者就告诉大家如何精准找到同行以及从同行身上快速搜集想要的信息。

首先，要从垂直的领域提炼关键词，假设你做的是健身类的账号。你可以思考下，哪些关键词与健身相关联。比如减肥、塑形、增肌、运动、跑步等，当然与健身相关联的关键词其实还有很多，如果你自己一时间想不到那么多怎么办？告诉大家一个简单的方法，在垂直网站直接搜索就可以找到你想要的。

然后，专门开一个小号，在抖音左上角搜索框输入关键词，就会出现很多同类型账号。先挑那些粉丝最多的账号关注，剩余的你就进入账号查看对方往期作品，只要觉得对你有用就关注。平均每个关键词，你要关注 10 个左右账号，包

含其他大 V 的账号，总共要关注 100 个以上。

听起来可能会觉得有点多，为了研究抖音，笔者一共关注了几千个账号，因为每天都有新的账号建立，只要觉得有用有特色，笔者就会关注。之所以大量进行关注，其实也是为了方便筛选合适的对标账号。

关注以后，每天就要抽时间刻意分析重点账号，研究他们的运营套路和创意思路，用西瓜指数或者卡思数据来分析同行每天的数据，甚至是同行的视频什么时候上的热门，每天发布作品的时间以及当天涨了多少粉丝这些都要弄得一清二楚。如果对方留有社交媒体账号，你都要一一关注，看下对方每天都在发什么内容，他们是怎么做活动和商业变现的。

通过一段时间对同行的关注和总结，在不断实践和优化下，你就能快速内化成属于自己差异化的优势。还能通过预测同行的下一步动作和计划，抢在他们前面采取行动，赢得更多机会。

3.1.6 弄清人设可以满足的需求点是什么

纵观抖音上面的头部账号，都有一个共同点，那就是他们在某个方面做到了极致（至少从某一段时间来看是这样的），能够满足大众对某方面的需求。再说简单一点，就是用户觉得你的内容对他（她）是有用处的。

当然，这个用处可能不尽相同，既可以是能让用户获得某些知识，也可以是能够带来视觉和听觉刺激，还可以是能给用户带来情感共鸣。

比如，"口红一哥"之所以能够获得超过 3000 万粉丝，就是因为他的人设带来的强大号召力，以及他分享的短视频对用户选择口红是有用处的。

3.2 短视频风靡，精准定位是成功关键

抖音中的短视频多不胜数，那什么样的短视频更容易打动用户呢？其中比较关键的一点在于通过精准的定位，将短视频内容有针对性地传达至目标用户。那么，如何进行精准定位呢？笔者个人认为可以分别从行业、人群和个人 3 个方面进行定位，让拍摄的短视频内容更加精准。

3.2.1 行业定位：根据爱好和优势确定方向

抖音种草一般有以下几个主要的领域，如生活用品、护肤彩妆、零食特产、男装女装、母婴育儿、鞋帽箱包、玩具图书等，这几个领域的产品目前在抖音卖得比较火，你可以根据自己的兴趣爱好和优势选择垂直领域。

抖音账号定位的核心秘诀：一个账号只专注一个行业（方向定位），不能今天发美食，明天发英语，后天发游戏。大家在布局抖音号时，应重点布局 3 类抖

音号：行业号（奠定行业地位）、专家号（奠定专家地位）、企业号（奠定企业地位）。同时，用户在制作视频内容的时候必须做好定位，不能随意去定位，否则到后面你会发现越更新越难，越更新越累，乃至没有内容更新。

行业定位做好之后，接着就是通过领域细分，做深度内容了。为什么只更新深度内容，还是那句话：什么样的定位，吸引什么样的目标人群。所以，我们有什么样的定位，直接决定了我们要更新什么样的内容，也决定了抖音号的运营方向，以及我们最终该靠什么赚钱，这些都是由定位决定的。

比如，化妆品行业包含的内容比较多，这个时候我们就可以通过领域细分从某个方面进行重点突破。号称"口红一哥"的运营者便是通过分享与口红相关的内容，吸引了大量对口红感兴趣的人群。

又如，摄影包含的内容比较多，但现在越来越多的人开始直接用手机拍摄视频，而且这其中又有许多人对摄影构图比较感兴趣。因此，出现了一个抖音号"手机摄影构图大全"，针对这一点专门深挖手机摄影构图，并据此进行行业定位。

3.2.2 内容定位：根据行业定位确定拍什么

抖音号的内容定位就是确定账号的内容方向，并据此有针对性地生产内容并进行带货。通常来说，运营者在做内容定位时，只需结合账号定位确定需要发布的内容即可。比如，抖音号"手机摄影构图大全"的账号定位是做一个手机摄影构图类账号，所以该账号发布的内容以手机摄影视频为主，为用户展示了许多与摄影构图相关的短视频，如图 3-4 所示。

图 3-4 抖音号"手机摄影构图大全"发布的内容

运营者确定了账号的内容方向之后，便可以根据该方向进行内容创作了。内容创作要注意以下几个方面，如图3-5所示。

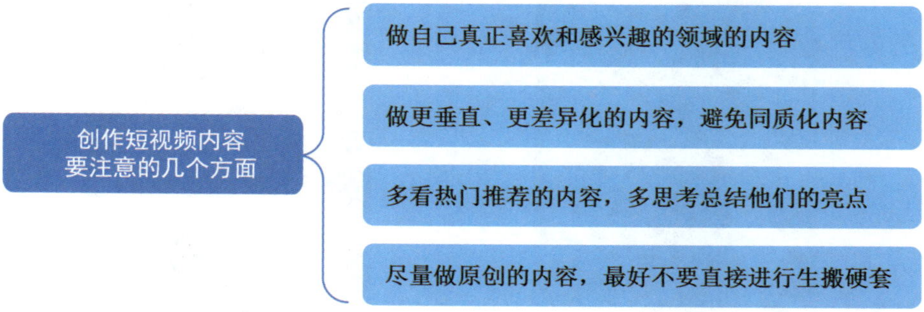

创作短视频内容要注意的几个方面：
- 做自己真正喜欢和感兴趣的领域的内容
- 做更垂直、更差异化的内容，避免同质化内容
- 多看热门推荐的内容，多思考总结他们的亮点
- 尽量做原创的内容，最好不要直接进行生搬硬套

图 3-5　创作短视频内容要注意的几个方面

3.2.3　商品定位：根据自身情况确定卖什么

大部分短视频账号运营者之所以要做短视频账号运营，就是希望能够借此变现，从而获得一定的收益。而商品销售又是比较重要的一种变现方式，因此，选择合适的变现商品，进行商品的定位就显得尤为重要了。

那么，运营者要如何进行商品定位呢？在笔者看来，根据运营者自身的情况，可以将短视频账号的商品定位分为两种，一种是根据自身拥有的商品进行定位，另一种是根据自身业务范围进行定位。

根据自身拥有的商品进行定位很好理解，就是看自己有哪些商品是可以销售的，然后将这些商品作为销售的对象进行营销。比如，某位抖音账号运营者自身拥有多种水果的货源，于是其将账号定位为水果销售类账号。他不仅将账号命名为"××水果基地"，而且还通过视频重点进行水果的展示，并为用户提供了水果的购买链接，如图3-6所示。

根据自身业务范围进行定位，就是在自身的业务范围内发布视频内容，然后根据内容插入对应的商品链接。这种定位方式比较适合自身没有商品的短视频账号运营者，这部分运营者只需根据短视频内容添加商品链接，便可以借助该商品的链接获得佣金收入。

比如，某位美食类抖音号运营者本身是没有商品货源的，于是他便通过在短视频中添加他人店铺中的商品链接来获取佣金收入。具体来说，该运营者在制作三明治的短视频中，就插入了某款三明治机的链接。

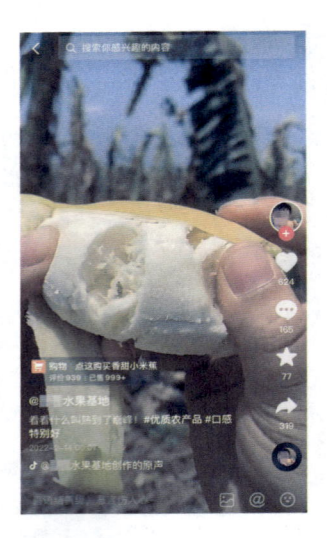

图 3-6 根据自身拥有的商品进行定位

3.2.4 人群定位：了解目标用户、受众喜好

在抖音号的运营中，运营者如果能够明确用户群体，做好用户定位，并针对目标用户群体进行营销，那么账号生产的作品将更具有针对性，而作品的带货能力也将变得更强。

在做人群定位时，运营者可以从性别、年龄和地域分布等方面分析目标用户，了解用户画像，并在此基础上更好地作出有针对性的运营策略，实现精准营销。

当然，在了解用户画像情况时，我们可以适当借助一些分析软件。比如，我们可以通过如下步骤，在蝉妈妈平台了解抖音号的用户画像。

步骤 01 进入蝉妈妈官网的默认页面，❶在搜索框中输入账号名称或关键词；❷单击 🔍 图标，如图 3-7 所示。

图 3-7 单击 🔍 图标

步骤 02 执行操作后，会弹出搜索结果对话框，单击对话框中相应的账号，如图3-8所示。

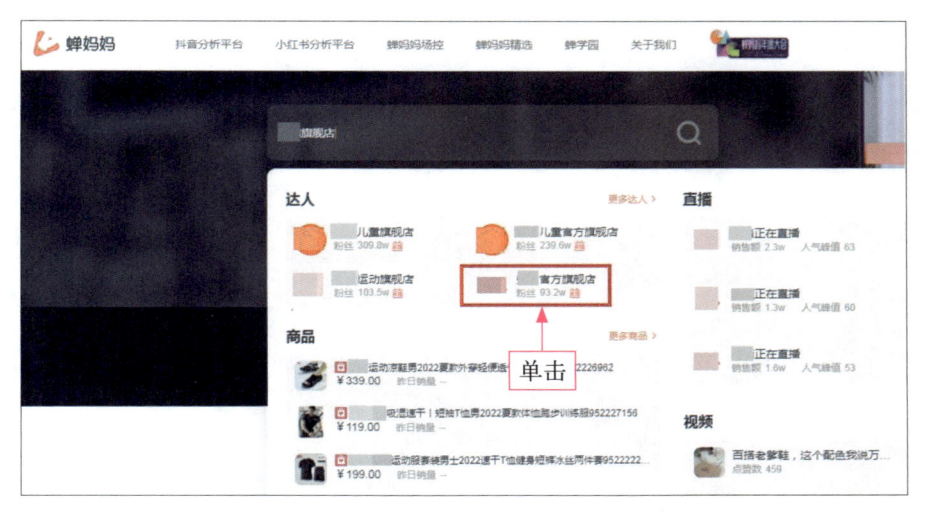

图 3-8 单击对话框中对应账号所在的位置

步骤 03 进入对应账号的数据分析页面，单击左侧导航栏中的"粉丝分析"按钮，即可通过"粉丝分析"板块了解该账号的粉丝（包括粉丝团）变化情况，如图3-9所示。

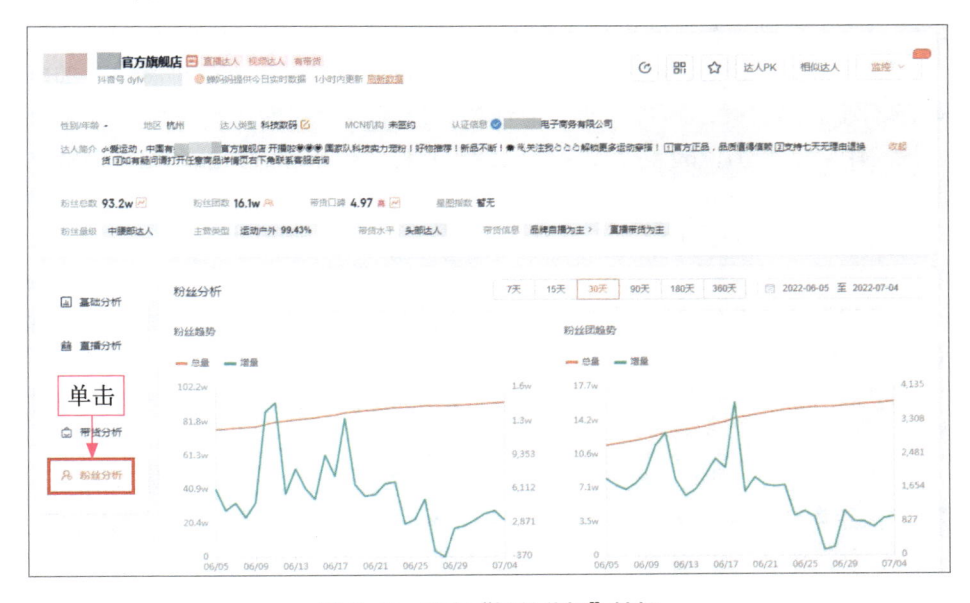

图 3-9 单击"粉丝分析"按钮

步骤 04 拨动鼠标滚轮，即可看到"粉丝画像"板块，该板块中会展示"账号粉丝""视频观众"和"直播观众"的画像情况。图3-10所示为某抖音号的"视频观众"画像情况。

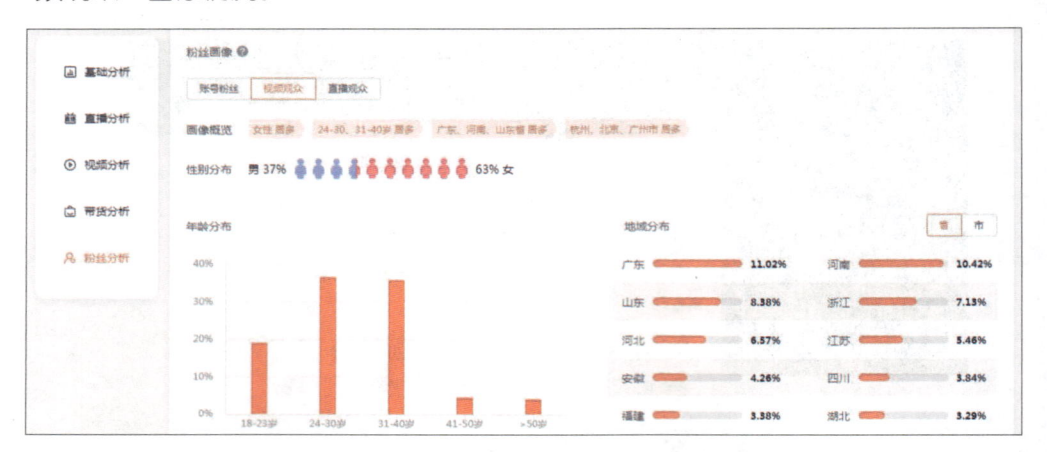

图 3-10 某抖音号的"视频观众"画像情况

3.2.5 人设定位：找准个人特质、优势能力

选择好领域后，再根据自己的性格特征来设计人设。比如，你是一个带着3岁孩子的宝妈，平时喜欢分享一些专业的育儿常识，那就可以树立一个育儿专家的形象，给大家推荐用过的母婴类商品。

可能有人说，直接跟风不就行了吗？什么火我就卖什么。这种思路在前期种草号还不够多的时候，确实能赚一笔快钱。但是随着后期抖音种草玩家越来越多，只是单一的模仿，而没有加入个人特质，也没有自己的商品定位，你就很难沉淀出核心用户。

什么意思呢？就是用户这次可能是因为你推的这个商品上热门，用户正好需要所以就下单了。但是，打开你的主页一看，什么商品都有，像一个杂货铺似的，用户很可能不会关注你账号。这也就意味着在这位用户这里，你只能赚到一次钱，后面这位用户就很难光顾你的账号了。

要想用户经常光顾你的店铺，你就需要有自己的人设和定位，把自己的种草号打造成精品店铺，而不是什么都卖的杂货铺。

因为只有人设清晰，你才能够吸引用户持续地关注你，基于对你的信任，只要是这个品类的商品，这些人如果有需要，看到的第一时间就会下单购买。

现在大家知道人设和定位的重要性了吧？在前期，如果不知道该怎么玩，那你只能前期先跟风模仿，等找到感觉后，你再重新设计自己的人设定位。

总之，大家一定要活学活用，要先去做，在做的过程中不断地学习和调整，不要被眼前的问题所局限，很多问题做着做着就解决了。

3.3 只需做好这 4 步，就能找准自身定位

要想从众多抖音号中脱颖而出，必须要先找准自身定位。那么，我们如何找准自身定位呢？笔者认为，大家只需做好 4 步即可。

3.3.1 定位的第一步：定赛道

许多人只知道做垂直领域的重要性，那具体应该如何做呢？首先，你要了解目前各垂直分类的实际布局，抖音上目前有公益、艺术、时尚、动漫等 60 多个不同的垂直分类，你只需借助工具就能了解每个垂直分类下的达人情况。

比如飞瓜数据和抖大大，不仅可以看到各分类下的达人具体排名，还可以看到粉丝画像、性别、年龄和地域等。具体来说，通过这些工具，我们可以掌握 3 个方面的信息。

第一个方面：当前的红海和蓝海领域有哪些？哪些领域还有合适你的机会？

第二个方面：如果统计同一类目前 10 名达人的粉丝画像，你就能从中发现一些有价值的规律。你所统计的样本越多，也就越容易得到更准确的数据，从这些数据中你能够提炼出目标群体的身份标签。

第三个方面：着重观察自己感兴趣的分类，初步寻找空白点，看哪一个分类市场还未被满足。

了解完垂直分类的布局，接下来，笔者给大家分享一个确定垂直领域的实操方法——分解二级分类，进行分类标签的重新组合。抖音 60 多个垂直品类下又有许多二级小分类。

例如，搞笑这个大分类下还可以分为段子剧、糗事、恶搞、神回复等二级分类，当然，我们可以按照达人的身份标签进行归类，如情侣搞笑、上班族搞笑、老师搞笑等；也可以按照场景来划分，如家庭搞笑、咖啡厅搞笑、舞台搞笑等。然后这些标签又都可以进行维度上的组合，举个例子，情侣咖啡厅搞笑、老师家庭搞笑等。

这就是一个寻求差异的过程，只有保持了差异化，辨识度足够高，才能获得更多观众，你的 IP 塑造之路才会有可持续性。

笔者在这里，再次强调做专注的垂直领域的重要性。如果你发布了一个 A 领域的视频，系统会将视频推送给喜欢 A 领域的用户。如果你经常发不同领域的视频，一会 A，一会 B，一会 C，抖音系统就可能会出现识别混乱，误把 A 领域的视频推荐给喜欢 B 领域视频的用户，这样会导致点赞率、评论率、完播率都

非常低。长此以往，系统就不再给你的账号分配流量，你的抖音号就基本废了。

3.3.2 定位的第二步：定类型及呈现方式

目前抖音主要有以下几种视频类型：商品导购类、知识传播类、娱乐搞笑类、音乐表演类、记录生活类、科技类、企业官方账号类、游戏类、二次加工类。

抖音目前有3种主流的视频呈现形式，分别是真人出镜、动画和图文，因为图文类同质化严重，所以，2019年5月1号官方就开始对所有图文类的视频进行限流。因此，拍摄抖音短视频，应尽可能真人出镜或者采用动画形式。

真人出镜类的短视频比较依赖于演员的颜值或戏精程度，这两者决定了IP能走多远。同样是有1 000万粉丝的账号，一个是虚拟形象作为主角，一个是真实人物作为主角，那一定是前者的商业价值更大。因为虚拟形象的颜值和入戏程度都是可以通过各种处理进行精准把控的。

3.3.3 定位的第三步：定标签

如何给自己定标签呢？实际上就是和作品匹配关键词，这个关键词能让目标粉丝通过搜索进而关注到你。

我们在定位的第一步定赛道中讲到垂直领域信息调研，其实通过信息调研，我们就能统计出相似账号的常见关键词。这只是给自己贴标签的其中一方面，当然你也可以把这个当作一句话的个人介绍，能让不熟悉你的人记住你，进而关注你，喜欢你。有了标签，就确定了创作方向上的主旋律。

3.3.4 定位的第四步：定差异化展示

差异化展示，包含名字、头像、简介、背景墙等要素的差异化呈现。下面，笔者就来分别进行解读。

1．名字

名字一定要符合好记的原则。许多抖音达人都是凭自己的喜好取名，忽视了名字的重要性。其实，虽然抖音名字可以修改，但相比较之下，一定是长期使用固定的名字更有辨识度，这就好比你加了陌生人的微信，他隔三岔五的就换一个微信名字，你想找他也找不到啊！

我们可以使用取名字的万能公式：行业名＋姓名。这样不但方便别人在抖音上搜索到你，而且还能马上知道你是干什么的。

2．头像

如果是个人号，最好用自己的正面形象照片；如果是企业号，可以用企业

Logo。不论是个人还是企业，照片一定要高清，看上去要符合账号人设，而且要让人一眼看去感觉很舒服。

3．简介

签名就是简单的一句话，这一句话不同于个人标签，因为两者面对的群体不同。在这里，你需要简单粗暴地表明自己及账号的价值所在。比如，你是一个健身类的账号，就可以在签名中将"健身""塑形""运动"等关键词写进去，让人一看就知道你的价值所在，如图3-11所示。

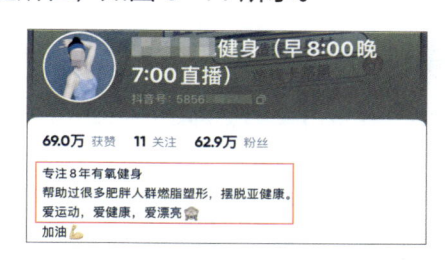

图3-11　健身类账号的签名

4．背景墙

许多人会忽视背景墙的作用，其实背景墙可以起到锦上添花的效果，寥寥几句话或者符合账号基调的配图，都能凸显账号的个性。

总之，抖音账号元素的具体设计要符合两个原则。一是格调统一，即头像、背景墙等用色要一致、风格要一致；二是看上去要美观大方。

通过上面这4步，制订详尽的、可行的定位方案，相信你会在玩抖音这件事上变得更加得心应手。

3.4　打造人格化IP，必须要做到的6个方面

依靠抖音成长起来的IP越来越多，即便你不是抖音的深度用户，也一定听说过"好嗨哟！"和"OMG，买它！"，这两句话出自抖音的两个头部视频主。

这两个头部视频主已经拥有极高的IP辨识度，并且还在持续不断地对观众重复、深化，让观众形成了稳定而清晰的记忆点。他们如今所获得的地位，不是谁能轻易替代的，这就是打造抖音人格化IP的优势所在。那么，如何打造人格化的IP呢？你必须要掌握以下6点。

3.4.1　"六部曲"打造IP账号

要想将一个账号打造成IP，通常需要经过如下6个步骤。

步骤1. 确定目标

做每件事都要有目标，只有目标清楚了，才能朝着目标前进，做到有的放矢。因此，要想打造一个IP，你首先要做的就是确定打造IP的目标。通常来说，大部分人打造IP无非就两个目标：一是增粉，二是变现。

步骤2. 确立定位和人设

IP打造的目标确定之后，接下来要做的就是根据目标，并结合个人性格特征和自身优势等确立定位和人设。这一步的具体操作可以重点参考本章前2节内容。

步骤3. 思考创作方向

定位和人设确立之后，就可以思考短视频的创作方向了。通常来说，短视频的内容有3个思考方向，一是自身优势，也就是自己能做什么；二是找到市场未被满足的部分，做出差异；三是从可操作性出发，选择易于操作的内容方向，保证自己所想的都能通过镜头呈现出来。

步骤4. 剧本设定和探讨

有的抖音短视频可能只有短短的十几秒，但是要想拍好这十几秒视频却不是一件容易的事。抖音短视频的拍摄是一个系统工程，要想快速拍出高质量的短视频，首先还得在拍摄之前进行剧本的设计和探讨，并根据剧本进行相应的准备。

步骤5. 短视频拍摄

运营者怎样直接用抖音App拍摄短视频？下面，笔者就对具体的拍摄步骤进行说明。

步骤01 登录抖音短视频App，进入"首页"界面，并点击界面中的 + 图标，如图3-12所示。

步骤02 操作完成后，进入"快拍"界面，在该界面可以拍摄15秒以内的视频，如果要拍摄15秒以上的视频，可以选择进行"分段拍"。点击"快拍"界面上方的"选择音乐"按钮，如图3-13所示。

步骤03 执行操作后，会弹出一个对话框，对话框中会展示部分音乐。如果运营者要查看更多音乐，可以点击"发现"按钮，如图3-14所示。

步骤04 执行操作后，会弹出"选择音乐"对话框，运营者可以从该对话框的"歌单分类"板块中选择需要的音乐，如点击"热歌榜"按钮，如图3-15所示。

步骤05 操作完成后，会弹出"热歌榜"对话框，从中选择合适的音乐，如图 3-16 所示。

图 3-12　点击 + 图标

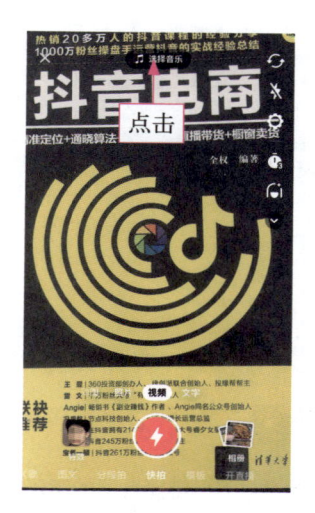

图 3-13　点击"选择音乐"按钮

图 3-14　点击"发现"按钮

图 3-15　点击"热歌榜"按钮

步骤 06　操作完成后，会播放该音乐，并显示"使用"按钮，点击该按钮，如图 3-17 所示。

步骤 07　执行操作后，返回"快拍"界面，此时若原来"选择音乐"按钮所在的位置，如果显示了音乐的名称，就说明音乐设置成功了。除了音乐之外，运营者还可以点击界面左上方的相关按钮，对短视频拍摄进行相关的设置。设置完成后，点击 图标，如图 3-18 所示。

第 3 章　账号定位：人格化打造高流量 IP

49

图 3-16　选择合适的音乐　　　　图 3-17　点击"使用"按钮

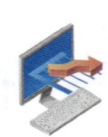

步骤 08 执行操作后，即可开始拍摄短视频，如图 3-19 所示。点击 ● 图标，可以暂停短视频的拍摄。

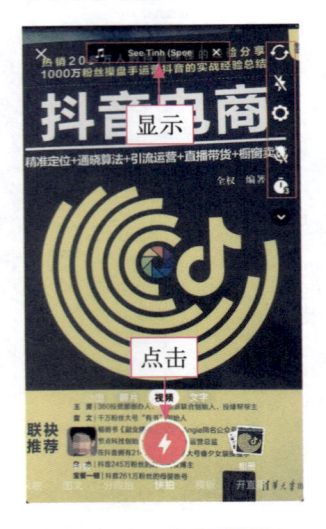

图 3-18　点击 ● 图标　　　　　图 3-19　开始拍摄短视频

步骤 09 短视频拍摄完成后，进入短视频预览界面，确认短视频没有问题之后，点击"下一步"按钮，如图 3-20 所示。

步骤 10 执行操作后，进入短视频发布界面，此时短视频就拍摄完成了，如图 3-21 所示。如果运营者要在抖音平台中发布该短视频，只需设置好发布界面的相关信息，并点击"发布"按钮即可。

图 3-20　点击"下一步"按钮　　　　图 3-21　短视频发布界面

步骤 6. 剪辑、分发和运营

很多朋友对于工具的使用还不是很清楚，尤其是剪辑工具，接下来给大家推荐一款剪辑工具叫"剪映"，可能有很多人听说过这款软件，这是抖音官方投资的一款视频剪辑软件，里面的功能非常强大。下面，笔者就对利用"剪映"App 剪辑和分发短视频的步骤进行具体说明。

步骤 01 打开剪映 App，然后点击"开始创作"按钮，如图 3-22 所示。

步骤 02 执行操作后，进入"最近项目"选项卡，选择需要剪辑的短视频；点击"添加"按钮，如图 3-23 所示。

图 3-22　点击"开始创作"按钮　　　　图 3-23　点击"添加"按钮

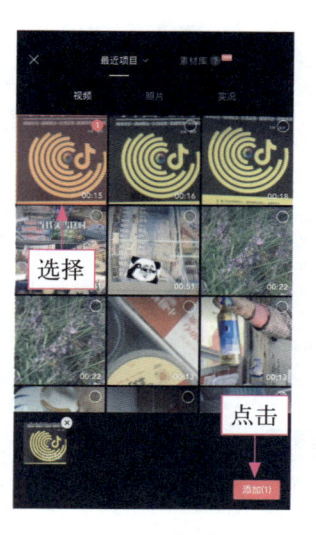

步骤 03　执行操作后，进入视频便捷界面，点击"关闭原声"按钮，这样能避免原视频中的噪声影响最终的展示效果，如图 3-24 所示。

步骤 04　执行操作后，会显示"原声已全部关闭"，点击"剪辑"按钮，如图 3-25 所示。

图 3-24　点击"关闭原声"按钮　　　图 3-25　点击"剪辑"按钮

步骤 05　操作完成后，你会发现以下功能：分割、变速、音量、动画、删除、智能抠像、抖音玩法、音频分离、编辑、滤镜和变声等。这里着重讲两个常用功能，分别是变速和变声。先说变速功能，运营者可以点击"变速"按钮，如图 3-26 所示。

步骤 06　操作完成后，可以看到两种变速模式：常规变速和曲线变速，以常规变速为例，运营者只需点击"常规变速"按钮即可，如图 3-27 所示。

> **专家提醒**
>
> 　　剪映默认的速度是 1x，在拍摄商品的时候，因为内容会比较无趣，运营者可以适当加速，将速度调整为 1.5x，让视频内容快速进入正题；如果需要拍摄特写展示效果，可以将速度适当放慢，将速度调整为 0.5x，让用户看清楚商品的优势。

步骤 07　操作完成后，拖动 ⭕ 图标；点击 ✓ 图标，即可完成变速设置，如图 3-28 所示。

步骤 08　说完变速，我们再说变声。很多人觉得自己的声音要么非常尖，要么听起来有气无力，总觉得很别扭。这都是因为后天缺乏专业训练的原因。怎么办呢？大家可以点击对自己的声音进行变声设置。具体来说，运营者可以点击

"变声"按钮，如图 3-29 所示。

图 3-26　点击"变速"按钮

图 3-27　点击"常规变速"按钮

图 3-28　点击✓图标

图 3-29　点击"变声"按钮

步骤 09　执行操作后，选择变声效果，如"麦霸"；点击✓图标，即可完成变声设置，如图 3-30 所示。

步骤 10　除了上述基本剪辑功能之外，运营者还可以使用相关功能来提升短视频的显示效果。以特效的使用为例，运营者可以点击剪辑界面中的"特效"

按钮，如图 3-31 所示。

图 3-30 点击 ✓ 图标

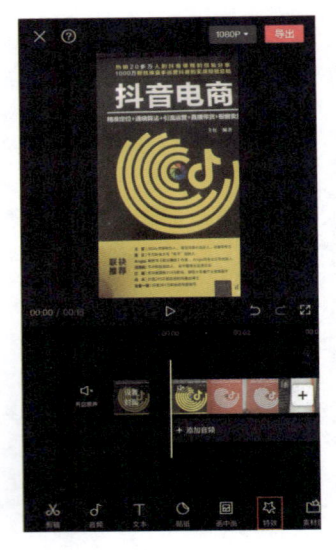

图 3-31 点击"特效"按钮

步骤 11 执行操作后，点击对话框中的"画面特效"按钮，如图 3-32 所示。

步骤 12 执行操作后，会弹出特效设置对话框，选择合适的特效，如"星夜"；点击 ✓ 图标，如图 3-33 所示。

图 3-32 点击"画面特效"按钮

图 3-33 点击 ✓ 图标

步骤 13 执行操作后，视频轨道的下方会出现一条特效轨道，如图 3-34 所示。

步骤⑭ 根据需要调整特效轨道的长度，点击界面上方的"导出"按钮，如图 3-35 所示。

图 3-34 出现特效轨道 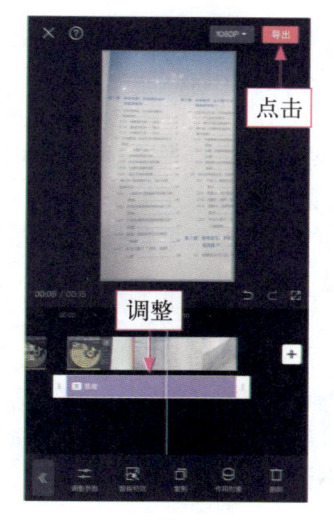　　图 3-35 点击"导出"按钮

步骤⑮ 执行操作后，系统会自动导出短视频，并显示短视频的导出进度，如图 3-36 所示。

步骤⑯ 短视频导出完成后，会显示"已保存到相册和草稿"，如图 3-37 所示。如果有需要，运营者可以点击界面中的对应按钮，将该短视频分发至抖音和西瓜视频平台。

图 3-36 显示短视频的导出进度 　　图 3-37 显示短视频"已保存到相册和草稿"

3.4.2 设计人格化 IP 的"人性"特征设计

被市场验证过的 IP 能跟用户建立密切联系和深厚的信用度,并且能实现情感层面的深层次交流,能让用户感受到是在与人在交流。这种需求是商业社会发展中的必然,为什么这样说呢?

我国从 20 世纪 50 年代的物资匮乏,到现在商品的琳琅满目,用户有极大的自主选择权,他们还想要跟提供方对话,实现社交上的满足感。所以,要站在用户的角度,给短视频赋予温度,让它拥有一个人格化的外壳。这个人格化的外壳,需要从 4 个维度进行系统的设计。

(1)语言风格:你来自哪里,比如你有没有明显的口音,以及你的声调、音色等是否有个人特色。

(2)肢体语言:你的眼神、表情、手势、动作是怎样的?有没有自己的性格,是开放的,还是拘谨的?是安静的,还是丰富的?

(3)标志性动作:有没有频繁出现辨识度高的动作,这一条大部分需要后期刻意进行策划。

(4)人设名字:名字要越朗朗上口越好,这样能方便别人记忆,最好融入一些本人的情绪、性格、爱好等色彩。

3.4.3 人格化因子要为"人的心理需求"代言

不管是口头语言、肢体语言,还是人设与外在世界的互动方式,背后都有不同的内涵。比如,人的性格、价值观、阶层属性(善良、真诚、勇敢、坚韧、奋斗、包容、豁达、匠心、个性、追求极致、俗人)等。

这些都能引起人内心深处的精神共鸣,因为人在万丈红尘中有时候所追求的,无非就是人格及精神层面上的认同。

拿某个情感类账号来说,它就是通过师徒对话来拆解社会中的情感问题,让寻求心灵寄托的人得到情绪上的纾解,相当具有说服力;而坐拥 3000 多万粉丝的某个抖音号,则集合了女性共有的性格和心理特征,巧妙刻画了一个备受女性观众认同的角色,让人直呼"内容太过真实",从而使用户产生强烈的认同感。

在我们策划人格化 IP 之前,要将你内在层面的东西确立下来,然后在实际运营的过程中,不断反馈调整。人们都期待一个理想化的自我,在对抖音上各类 IP 的关注和喜爱中,其实用户往往不知不觉中完成了"理想化自我"的塑造过程。这一点,是需要大家花时间深入理解的。

3.4.4 三个阶段打造 IP

真正的 IP 意味着有可识别的品牌化形象、黏性高又成规模的粉丝基础、长时间深层次的情感渗透、可持续可变现的衍生基础。塑造优质 IP，需要做好打持久战的准备。因为任何事物的品牌化都需要一个过程，在这里我们举一个案例来进行说明。

某个抖音号把自身 IP 的打造分为了 3 个阶段，分别是塑造期、成型期、深入期，每一个阶段都制定了不同的内容输出方案。

在塑造期阶段，作品中重点体现的就是出镜者的人设和性格特征，所有的内容都会围绕人设来进行打造。经过一段时间的试验，发现粉丝反馈最多的人设标签就是"戏精""搞笑"和"蠢萌"。接下来，他们就通过不同的内容来放大这 3 个标签，以此来辐射更多的观看人群。经过测试，最终确定一个独有的标签，作为出镜者的主要人设。

成型期的主要工作是强化人设，围绕着确定的人设去设计内容。这个阶段，策划团队尝试了对人设的丰富化和延展。

比如，策划具备正能量的作品，让粉丝看到出镜者不仅很有趣，而且有担当、有社会责任感；又如，策划体现中外文化差异作品，通过出镜者的外国人身份将外国文化与中国传统的本土文化进行碰撞。

在深入期阶段，团队透过多元化的内容一直在挖掘、塑造人设的多面性，力图让用户在观看的时候有新鲜感。策划团队推出了四川方言题材的内容，让其人格化的标签更具地域性，作品更加垂直。

他们把经典小品片段加上抖音神曲，创作出一批适合出镜者表演的搞笑内容，加上出镜者的表演天赋极高，大家对经典小品又有情结，这类视频作品让 IP 更加深入人心，也让出镜者顺利走红了。

通过这 3 个阶段，从塑造期到成型期再到深入期，IP 经历了市场的检验、论证和内部调整，会越来越趋向于成为一个优秀的 IP。

3.4.5 打造人格化 IP 的内容体系

打造人格化 IP 在不同的阶段，策划的作品内容体系也是不同的。

前期的首要任务就是策划出奇制胜的内容，让更多的用户知道这个账号，看到这个内容，即吸引目标用户的注意。

中期则要不断地对已有的内容体系进行扩容，同时慢慢展现多样化的内容标签，催生账号的成长升级。

后期，一旦账号步入成熟期，就会遇到瓶颈，在这个时候就要考虑迭代的问题。IP 的迭代升级是一个巨大的、有难度的工程，因为有一定的人设定位和粉丝积淀，重新打造 IP 的试错成本就会变得很高，那么在这一阶段，账号与账号之间的合作，就会起到比较好的作用，再有就是要进行文化资源上的整合。通常

在这一阶段，许多 ID 都会考虑出圈，做影视、做综艺以及其他文化形态的事情，通过跨界促进 IP 生命力的持续发展。

3.4.6 一定要持续创新和输出内容，保持账号活跃

一个 IP 的产生，需要不断推出新内容以及保持账号的活跃度，如果长时间没有新的内容输出，粉丝就会疲软，从而取关。所以一定要认真对待持续输出的工作，这样的 IP 才有持续的商业价值。目前许多抖音号为了吸引用户的注意力，许多都是一周三更、四更的节奏。

相信本节介绍的打造个人化 IP 的 6 个步骤，可以对你打造抖音账号的定位起到一定的指引作用。如果没有正确的定位认知，你会更快地走到玩抖音的终点，或者频繁修改创作的目标方向。学完这章内容，找准了你的内容方向，那就赶紧出发吧！

第 4 章

抖音算法：从推荐到热门背后的逻辑

　　对于一件事，我们不仅要知其然，还要知其所以然。运营者不仅应该知道什么是获得推荐和上热门，更应该知道怎样才能获得更多推荐，提高作品上热门的概率。

　　这一章笔者就从抖音算法出发，探讨抖音短视频从推荐到热门背后的逻辑，帮助大家更好、更快地打造热门作品。

4.1 什么是流量池

在做抖音运营的过程中，我们经常听到一个非常专业的词，那就是"流量池"，从字面意思大家似乎更容易理解，这就是抖音给你发布的作品推荐的观看人数。以专业术语解释"流量池"其实是"营销学"网络成交率倍增体系提出的一个新概念，它指的是流量的蓄积容器，主要是为了防止有效流量流失而设置的数据库。

影响作品流量池大小的抖音数据库究竟是由哪几个指标组成的呢？

第一个是抖音账号的权重大小，第二个就是所发作品的受欢迎程度。这两个指标直接决定了抖音给作品推荐播放量的多少。

4.1.1 抖音账号权重大小

许多人可能会遇到这种情况，就是自己拍摄的原创内容没有火，但是别人翻拍的作品却火了。这其中很大的一个原因就是账号的权重大小。

有很多朋友问笔者，到底什么是账号权重，又该如何提高自己的账号权重，得到抖音的关照呢？关于账号权重，简单来讲，就是指账号的优质程度，说直白点也就是你在抖音系统中的位置。权重会影响作品的曝光度，低权重账号的视频很难被大家刷到，高权重账号的视频则更容易被抖音推荐。

我们可以将权重理解为账号在抖音眼中的级别。高权重的账号就相当于是抖音的高级 VIP，对于这种有价值的客户，抖音自然会不遗余力地将作品推荐给更多人；而低权重的账号在抖音看来就相当于是路人的角色，你的账号对它的价值不大，那它也没有必要花费大量心力去帮你做推广了。

4.1.2 作品的受欢迎程度

作品的受欢迎程度对流量池大小的影响很好理解，当一个作品受到用户欢迎时，用户会将该作品分享给自己的好友，而抖音官方在看到作品受到用户的欢迎之后，也会将它推送给更多用户。

抖音上的作品可能会出现两种极端，受欢迎的作品在一段时间内变得更受欢迎，从而得以快速传播；而不受欢迎的作品，从一开始可能就会少有人问津。

图 4-1 所示的两则短视频中，左边的短视频评论量、收藏量和转发量超过了 1 万，点赞量更是超过了 30 万；而右边的短视频，点赞数、评论量、收藏量和转发量都为 0。如果你是抖音官方，你会更愿意将哪则短视频分享给更多用户呢？答案应该是显而易见的。

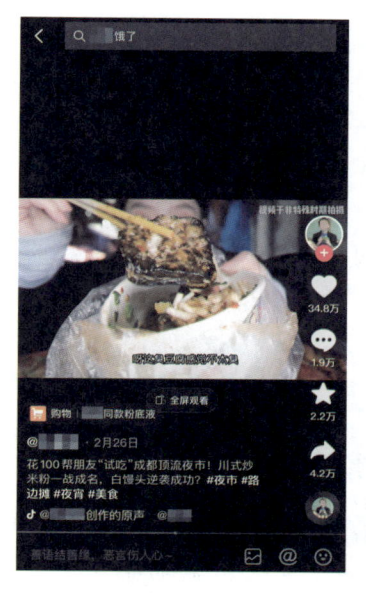

图 4-1 受欢迎程度不同的两则短视频

4.2 抖音账户权重基本算法

一个高权重的账号除了注册信息必须真实之外，更重要就是作品的基础数据要好。影响账号权重的基础数据有以下 3 种。

4.2.1 作品本身的优质程度

作品本身的优质程度，比如视频画质是否清晰、有没有违规、是否原创以及内容的稀缺度等都会影响账号的权重。

图 4-2 所示的短视频，不仅显示了快手平台的水印，而且视频的最后还显示了快手视频的二维码，很显然这就是一条搬运的短视频。这一类短视频，抖音又怎么可能会愿意将其推荐给用户呢？

图 4-3 所示的短视频，主要是对鸡蛋灌饼的制作过程进行展示。这种短视频不仅是原创的，而且拥有一定的点赞量、评论量和转发量。因此，抖音在看到用户对该短视频的反馈之后，自然会将其推送给更多用户。

4.2.2 发布作品的相关技巧

发布作品的技巧，包含把握作品的发布时间、积极参与抖音热门话题和添加自己的位置等，这些都是影响账号权重的重要因素。

图 4-2　搬运的短视频　　　　　图 4-3　原创的短视频

图 4-4 所示的两条短视频，不仅参与了一些热门的话题，而且还添加了店铺的位置，再加上文案和视频画面对用户具有一定的吸引力。所以，短视频发布后便吸引了大量用户，而在看到用户对这两则短视频的反映之后，抖音也乐于将其推送给更多用户。

图 4-4　带有话题和地址的短视频

4.2.3 作品的互动数据指标

作品的互动数据（这里主要指的是点击量、完播率、评论量、转发量、收藏量和关注数据等）是衡量其受欢迎程度的重要因素，也是抖音判断一条短视频是否值得被推荐的主要依据之一。

图 4-5 所示的两条短视频，左边的短视频点赞量、评论量和转发量都为 0，收藏量也仅仅只有 1 个；而右边的短视频，点赞量超过了 70 万，评论量、收藏量和转发量也破万了。如果你是抖音官方，你会更愿意将哪则短视频推荐给用户呢？答案是显而易见的。

图 4-5 互动数据不同的两则短视频

4.3 抖音推荐上热门的核心算法

想要知道抖音的核心算法，我们要先搞清楚抖音的推荐逻辑，推荐逻辑分为 3 种，即基础流量、叠加推荐、时间效应。

4.3.1 基础流量

基础流量分为 3 个阶段，第一个阶段是冷启动阶段，抖音会给你的作品 300 ~ 1000 个推荐量；第二个阶段是小爆发阶段，有 1 万 ~ 10 万个推荐量；第三个大爆炸阶段会有 100 万以上的推荐量。

4.3.2 叠加推荐

笔者先来解释下什么是叠加推荐。如果你的作品点赞、评论等用户反馈都不错，那么抖音就会利用系统大数据根据内容的综合权重，来进行下一轮推荐，这就是叠加推荐。

为了方便大家理解，笔者举个例子进行说明。比如，你作品的第一阶段抖音给了 500 个推荐播放量，这个时候若有 5 个用户觉得你的视频还不错，给你点赞、评论或者转发，那你这个作品会被抖音初步认为受欢迎，系统就会给作品自动加权叠加到 3 万个推荐量。第二阶段也有一系列指标，如果达标就继续加权叠加到一个更高的推荐量，以此类推。

综合权重的关键指标有完播率、点赞量、评论量、收藏量和转发量等，且每个梯级的权重各有差异，若达到了一定量级，则会根据推荐机制对短视频进行推荐。

4.3.3 时间效应

还有最后一个逻辑，时间效应。大家有没有发现，有的视频刚开始不火，等一段时间以后这个视频就突然火了。这就是推荐算法的独特之处，抖音为了避免优质的内容被埋没，只要有人给你原来的作品点赞、评论或者转发，它就会重新给你挖出来进行推荐，在行业中有人叫它"挖坟"。

以上就是抖音核心算法的 3 个逻辑，总之想要获得抖音的推荐，就要学会利用好抖音背后的推荐逻辑。当然，除了掌握推荐规律以外，还要遵守抖音的相关规则，否则一不小心就会被抖音关进小黑屋。

4.4 提升作品播放量的 4 个技巧

想要提高作品播放量，除了作品内容本身的质量和稀缺性之外，还有没有其他辅助手段呢？经过前面几章的学习，相信大家对抖音算法有了一个初步的了解，这一小节，我们就来聊聊提升播放量的 4 个技巧。

4.4.1 选择合适的发布时间

在不同的时间段发布内容，效果自然也不一样，为了获得大量精准用户的关注，了解合适的发布时间段就显得非常重要。我们不仅要搞清楚什么是黄金时间，还要注重目标用户的使用习惯。

1. "公认"的黄金发布时间

在抖音圈里，流传最广的黄金发布时间，用 4 个字来总结叫"四点两天"。

所谓四点，是指周一到周五的 4 个时间段，具体内容如下。

（1）早上 7 ~ 9 点。这段时间，大多数人刚睡醒，一般都会刷刷抖音醒醒神，或者在上班路上无聊看一看抖音有什么好玩的。

（2）中午 12 ~ 13 点。大家忙了一上午，不管是工作也好还是上学也罢，终于可以歇下来，趁着吃饭的档口赶紧刷刷抖音，看看关注的小哥哥、小姐姐有没有更新。

（3）下午 16 ~ 18 点。下午 4、5 点，手里的工作基本处理得差不多了，有点空闲时间就刷刷抖音放松一下，坐等下班。

（4）晚上 21 点左右。这个时间段刚收拾完，终于可以躺在床上放松一下了，或者是睡前无聊刷抖音打发时间。

咱们再接着说两天：这里主要是说周六、周日的休息时间。

现在的人都比较宅，周六、周日没什么事的话，则更愿意一个人悠闲地躺在床上，什么也不想，除了追电视剧，就是玩游戏、刷抖音。

"四点两天"可以说几乎囊括了主流用户刷抖音的峰值区间，因此被公认为抖音内容黄金发布时间。

2．"老司机"眼中的最佳发布时间

在抖音"老司机"眼中，相比于时间，他们更注重对内容的打造和雕琢。从发布时间的选择上，我们大概可以把他们分为以下 4 类。

（1）选择固定的时间发布。很多的抖音号其实不关心所谓的最好或者最佳时间，他们找好一个固定点，每天准时准点，就在这一个时间发。这样做的好处就是能培养粉丝的忠诚度，只要你内容不错，每天这个时间粉丝就会等你。

（2）追逐热点发布。有一部分账号，他们没有固定的时间点，往往在热点产生的第一时间，快速打造出符合自身特性的内容，"趁热"发出来吸引粉丝，提升曝光率。

（3）错峰发布。目前，很多大号将发布时间集中在下午 16 ~ 20 点。

从下午 16 点一直到凌晨，是用户活跃度高，对放松、娱乐需求更集中的区间。在这个区间的优质内容，能够即时得到精准用户的反馈，上热门的机会更大。也恰恰是因为这个原因，导致大量新内容扎堆发布。

要知道，抖音活跃用户是存在上限的，比如推荐量为 1000 万，同一时间有 10 个好作品被系统推，和同一时间有 100 个好作品被系统推，那肯定是推 10 个好作品的时候能够获得的曝光机会更多。

因此，很多老司机选择错峰发布内容，即提前或者延后半个小时到 1 个小时。在抖音作品相对来说还不多的时候发布，能让自己的内容获得更好的数据，或者说进入更大的推荐池。

（4）无特定规律，自由发布。有个百万级别的账号，从凌晨 1 点到早上 7 点他都测试过，最后综合数据证明晚上发布作品的数据竟然比白天发的都要好。

上面就是关于发布时间的几个技巧，大家要根据自身情况来设计自己的发布时间，最后笔者再说几个关键点。

（1）参考同类型大号的发布时间。在抖音，账号做不起来的原因有千百种，但做得好的账号，很多地方往往都能找到相似的踪影。同类型大号之所以能成功，除了入局更早、内容更好、文案更棒等原因之外，他们的发布时间同样也值得我们借鉴和参考。

在爆款内容更集中的时间段，同类型标签用户的反馈一定是更高的。所以对于新号来说，要先跟随，然后再选择错峰发布。

（2）看账号主流用户群的使用时间。除了参考同类型大号之外，我们还要结合自己商品、服务、标签的主流用户使用场景来决定发布作品的时间。比如，如果你是健身教练，那就尽量避开工作时间；如果是睡前护肤的，就尽量不选择白天；再拿美食类账号来说，用户一般会在什么样的情景下看你的内容？吃饭（做饭）之前、晚 22 点之后，以及上下班的路上。只有在特定场景下才能获得更多互动，互动率越高也就意味着上热门的机会越大。

（3）经常关注平台的热点、热搜。热点、热搜、平台活动，都是能够带来大量曝光机会的入口。在发布内容时，找到适合自己发挥的"即时热点"，快速跟进，可以在平台追热点内容还没大量涌上来时，第一时间收割粉丝的关注。

总之，我们回到一个普通用户的角度来看，任何一个时间刷抖音，其实都是能看到爆款的。至于哪个发布时间更适合，还需要靠大家多摸索、多实践以及前期不断地测试。

4.4.2 提高作品的互动数据

影响权重的互动数据，笔者在前面多次提及，就是点赞量、评论量、收藏量、转发量和完播率。当然，还有一些其他的数据，但这些数据是主要推荐的指标。

为了提高互动数据，有条件的朋友可以用不同的手机号注册多个小号，每次自己发完作品后就用小号随机提高其中一个指标。记住千万不要在同一时间段点赞，甚至视频还没有看完就评论，这很容易触发抖音的处罚机制。

除此之外，运营者还可以通过在短视频中添加相关信息进行引导，来达到提高数据的目的。图 4-6 所示的短视频中，便是通过添加"点赞收藏吧！"文字来引导用户进行点赞和收藏的。

图 4-6　引导用户点赞和收藏短视频

4.4.3　发布作品的时候 @ 相关的人

在抖音中，可以用 @ 提醒别人来看你的视频。这样，如果对方粉丝数量比较多，一旦转发了你的视频，那你的播放量自然也就上去了。

在这里，@ 也要讲究一下技巧，首先是你的内容要与对方相关，不能无缘无故地 @ 别人。比如，你可以让对方帮你评价，或者通过相关的内容与对方进行互动。

具体来说，运营者可以通过如下操作，在发布短视频时 @ 相关的人，让其积极地参与互动。具体步骤如下。

步骤 01 拍摄或上传短视频，进入抖音 App 的发布界面，点击输入框，会出现一条竖杠；点击 "@ 朋友" 按钮，如图 4-7 所示。

步骤 02 执行操作后，输入框中会出现蓝色的 @ 符号，在其后方输入需要 @ 的抖音号名称，点击界面右上方的 "发布" 按钮，如图 4-8 所示。

步骤 03 执行操作后，即可发布短视频，并且短视频中会显示 @ 的用户，如图 4-9 所示。而被 @ 的用户，则会收到相关的提示。这样一来，被 @ 的用户会更容易找到对应的短视频，从而参与到短视频的互动中来。

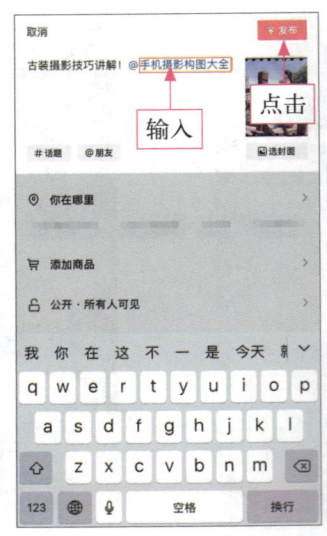

图 4-7 点击"@朋友"按钮　　图 4-8 点击"发布"按钮　　图 4-9 短视频中显示 @ 的用户

4.4.4 选择合适的挑战或者合拍

抖音官方每天都会发布很多挑战活动,你要根据自己账号的定位积极参与合适的活动。另外,有很多热门的视频,如果与你的作品内容相符,你跟对方合拍就更容易被用户看到,并获得抖音的推荐。

那么,运营者要如何进行合拍呢?接下来,笔者就对具体的操作步骤进行简要的说明。

步骤01 在抖音短视频中选择需要合拍的热门短视频,点击视频播放界面中的 图标,如图 4-10 所示。

步骤02 操作完成后,会弹出"分享给朋友"对话框,点击对话框中的"合拍"按钮,如图 4-11 所示。

步骤03 操作完成后,手机屏幕将分成左右两部分,右侧显示的是热门视频的播放界面,而左侧则是手机镜头拍摄的画面,如图 4-12 所示。

步骤04 运营者只需点击视频拍摄界面的"拍视频"按钮,便可进行视频合拍操作,如图 4-13 所示。点击 图标,完成视频的拍摄,即可在抖音平台中发布合拍视频。

图 4-10　点击图标

图 4-11　点击"合拍"按钮

图 4-12　手机屏幕分左右两部分显示

图 4-13　开始合拍视频

4.5　抖音短视频获得推荐的技巧

　　要想让抖音短视频获得推荐，成为热门，运营者还需要掌握一定的技巧。这一节，笔者就对抖音短视频获得更多推荐的技巧进行解读，帮助大家更好、更快地掌握上热门的方法。

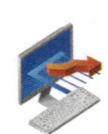

4.5.1 作品不被推荐的原因

很多不会玩抖音的朋友，按照笔者说的养号方法实操以后，发现自己发的视频还是没有什么推荐量。自己也没有使用违规的敏感词啊！为什么除了自己点的几个播放量之外，就没有其他人观看呢？

其实，除了违规敏感词以外，作品之所以不被抖音推荐，还可能存在以下几个原因。

1．有水印的内容

很多朋友发的作品要不就是在其他平台搬运的内容，要不就是用视频工具剪辑或者拍摄的时候抹去商品的水印。记住，除了抖音官方提供的贴纸可以用以外，就不建议用其他平台工具添加贴纸。

还有，有的朋友用抖音拍摄的视频，可能觉得不够好，就下载下来剪辑后重新上传。记住，上传带抖音水印的作品，哪怕是你自己的视频也不行。

在这里，大家尽可能不要用抖音拍视频，因为抖音的剪辑功能毕竟有限，还是用手机自带的相机拍完后导出，更方便进行后期剪辑。如果非要上传搬运过来的作品，至少要用去水印工具把水印去掉才可以上传。

2．不适合传播的内容

抖音毕竟是一个公众平台，所以它很重视未成年人的健康教育，很多东西可能在社会中传播没什么事，但是在抖音上是不让播的。对于不能传播的内容，运营者一定不要展示出来，免得受到抖音的处罚。

3．含有疑似广告的内容

抖音现在每天有过亿的播放量，很多人跟你一样也看到了商机，但是不懂抖音规则，上来就随便打广告，很容易就会因为违规而受到处罚。为了维护短视频社区的长久活跃度，抖音现在利用人工和机器检索，严重打击营销目的强的抖音号，光违规的营销号就封了数万个。

所以，大家一定要注意，在没有足够的粉丝之前，还是老老实实地先把内容做好，等你有足够的粉丝之后，就可以通过合理的方式变现了，切记千万不要一上来就发广告。

4．形式单一和无聊的内容

你的账号养得再好，如果发布的作品经过几次推荐后与用户的互动效果都不佳，抖音还是会降低你账号的权重，给你的推荐播放量越来越低，最后就逐渐沦为"僵尸号"。也就是抖音不再给你任何推荐，你以后发的所有作品也只有自己能看到。

5．视频内容画面模糊

有很多朋友的作品拍得还可以，就是视频清晰度不够。有的是因为手机镜头的像素比较低，这个好解决，既然你都知道现在玩抖音有赚钱的机会，那你就要舍得花钱买一个适合拍摄的手机。还有的是拍的时候很清晰，但是上传到抖音上画质就变得模糊了。抖音的像素比是 1920×1080，大家按照这个像素比导出视频就可解决画质模糊的问题。

上面 5 大问题，你有在发布作品的时候遇到过吗？如果有那就一定要在看完这一小节内容以后，第一时间进行调整，避免被抖音降权或者封号。给大家留个作业，看下自己的抖音号有没有带有广告的作品，如果有，要陆陆续续地删掉。如果有其他问题的作品，就陆陆续续隐藏起来。

4.5.2 启动阶段，快速被推荐的秘诀

视频被推荐的量，主要取决于其点赞量、评论量、转发量、收藏量和完播率。所以，想要获得推荐，你就要在第一时间想办法提高这些指标的数据。接下来，笔者介绍一些简单的操作套路，让你的作品获得更多推荐。

1．引导留言、点赞

在视频结尾引导用户给你留言、点赞。比如你可以在视频结尾用手指点小红心提醒大家给你点点关注，或者引导大家在评论区留言。

2．善用反问句式

在视频描述文案里通过反问或者给用户制造惊喜的方式，引导用户互动并且提高完播率，比如，"看到最后有惊喜""你说我是吃，还是不吃呢？在线等！""谁能够给我出出主意吗？"等。

3．用小号带节奏

视频发布以后，第一时间用自己的助攻小号评论，带一下节奏，让更多用户也参与到评论互动中，然后尽可能用幽默的方式回复用户的评论。

4．群发红包要数据

搜索"抖音互赞""抖音互评"等关键词，加入相应的 QQ 群或者微信群。每次发完作品后，通过发红包的方式，让大家帮你点赞、评论。

5．设置参与奖励

设置奖励，这里的奖励可以是虚拟的，也可以是实物。比如，点赞超过多少爆照，这招很适合长得好看的小哥哥小姐姐。如果你有才艺，可以在关注达到一定量给大家真人直播。当然，有人可能说如果我既没有颜值，又没有才艺，那要怎么设置奖励呢？你可以在评论区留言，给留言、点赞最多的用户送一份小礼品。总之，你的奖励越吸引人，用户的参与度就越高。

4.5.3 抖音挑选内容背后的逻辑

发布视频后，相信大家都特别想知道抖音是如何挑选内容的，接下来跟大家聊聊抖音挑选内容背后的逻辑。

抖音在商品层面加入了算法推荐模型，来保证视频的分发效率和去中心化。通常来说，抖音算法推荐模型的先后顺序包括：消重、审核、特征识别、推荐和人工干预等。

1．消重机制

视频发布出去以后，会有一段上传时间，在上传的过程中系统会自动检测是否存在高度相似或者相同的视频。如果存在相同的内容，那说明搬运的可能性极大，这样的内容基本会石沉大海。如果是高度相似的内容，除了拍同款以外，比如像改编或者模仿等，只要账号权重较高或者内容本身有价值，那抖音仍旧会正常推荐。

这里的消重主要针对直接上传他人原创视频或者进行简单剪辑后的作品，这样做的目的是鼓励原创，最大程度地避免内容重复。

2．审核机制

抖音同样包括机器审核和人工审核，机器审核为主，人工审核为辅。机器审核自带强大的内容拦截库，一旦出现与拦截库相匹配的内容，包含标题、视频内容，就不会通过审核。

3．特征识别

视频通过前两个审核后，抖音会根据视频内容及标题内容进行识别，来初步判断该视频可能会有什么样的人群喜欢，并且会打上标签，然后再把视频推送给对应标签的兴趣人群。

4．推荐机制

为了让受欢迎的内容被更多人看到，不受欢迎的内容不过多占用推荐资源，抖音往往会分批次进行推荐。你的内容首先会被推荐给一批对其最感兴趣的用户，根据这批用户产生的互动数据是否达标，再决定下一次推荐。说到这里就得提到前面内容所讲的核心算法，有谁还记得互动数据主要指的是哪几个指标？

5. 人工干预

机器再强大，也有疏忽的时候，所以抖音招聘了大量的内容审核员。由内容审核员进行第二次审核，一旦发现违规情况，要么视频被关"小黑屋"，要么账号被封禁。当然，为了维护抖音短视频"高质量内容社区"这个口碑，平台也设置了用户举报机制，从而带给用户更好的体验。

4.5.4 任何时候都要建立数据思维

对于运营者来说，抖音的大数据直接关系作品未来的走向，如果抖音的大数据显示出良好的发展态势，那么身在其中，运营者发布的内容也会更容易走红。

另外，抖音每年都会花大量的经费邀请第三方机构进行数据分析和统计，其中的原因就是数据背后带来的商业价值。我们自己拍抖音也是，一定要有意识地建立自己的数据分析思维，只有这样你才能不断优化和进步。

具体来说，分析抖音的数据主要从以下 4 个角度出发。

1. 分析自己的视频数据

分析用户和你发生的互动数据，包含视频播放量、点赞数、转发量和评论关注量等。你自己是看不到转发数据的，但可以用助攻小号统计，分析的目的是明白用户对你这个视频的欢迎程度和用户的痒点在哪里。微信有一定粉丝的朋友，还可以在发布之前，将同样的视频内容分享给不同的人看，看更受哪类人群的欢迎，然后再收集意见进行优化调整。

2. 分析同行的视频数据

这里主要是分析同行的视频数据，了解对方作品的更新频次、什么作品最火、创作思路以及封面标题等。还是那句话，只有知己知彼，才能百战百胜。你要是能把所有同行的优点都集中在你的账号上，那你想不火都难。

具体来说，运营者可以借助第三方数据分析平台来查看和分析同行的视频数据，下面以蝉妈妈平台为例进行说明。

步骤 01 在蝉妈妈的官网中输入同行的抖音号进行搜索，进入对应抖音号的数据分析页面，单击左侧导航栏中的"视频分析"按钮，即可查看该抖音号的数据概览和"指标趋势分析"的相关情况，如图 4-14 所示。

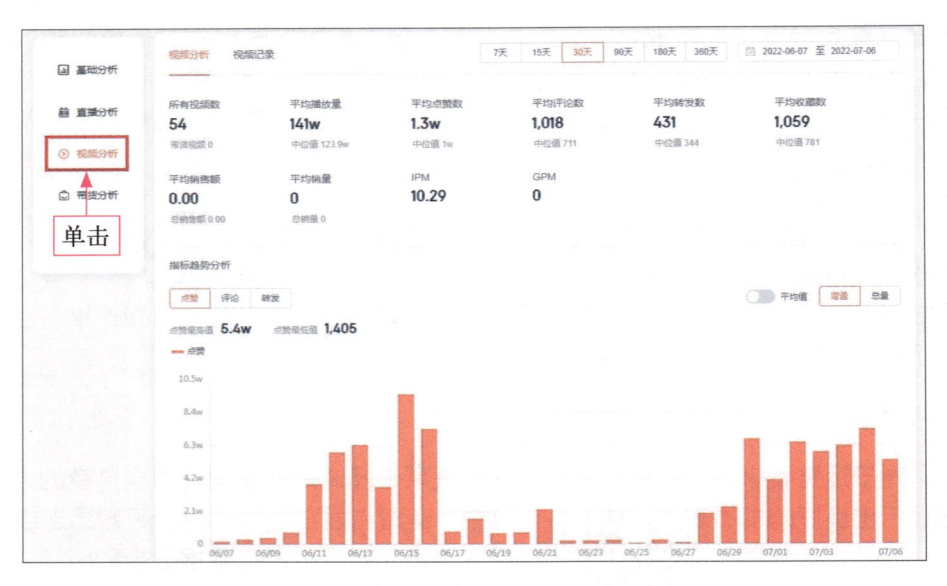

图 4-14 单击"视频分析"按钮

步骤 02 滚动鼠标滚轮，还可以在"视频记录"板块中，查看该抖音号已发布短视频的相关数据。如果运营者要查看某个短视频的数据详情，可以单击其右侧的"视频详情"按钮，如图 4-15 所示。

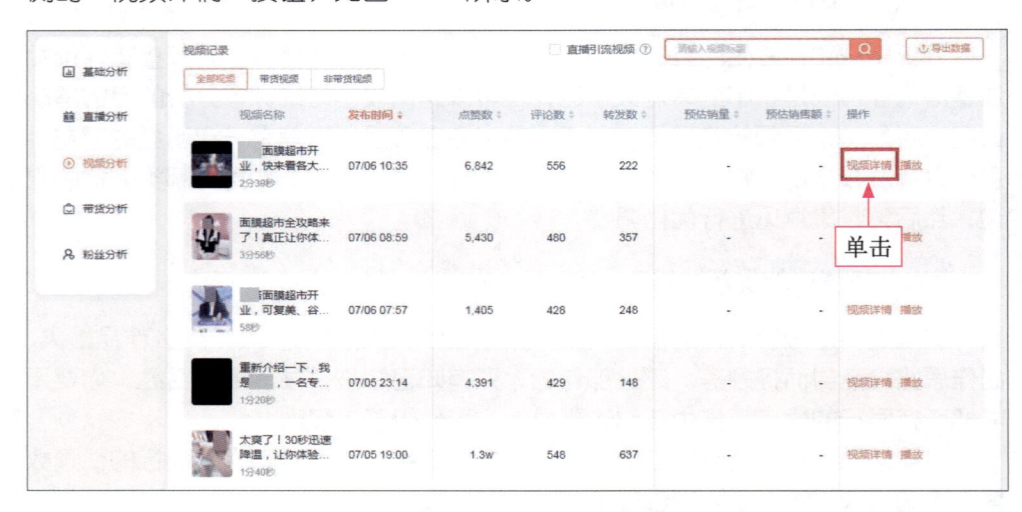

图 4-15 单击"视频详情"按钮

步骤 03 执行操作后，即可进入对应短视频的数据详情界面，查看相关数据和分析，如图 4-16 所示。

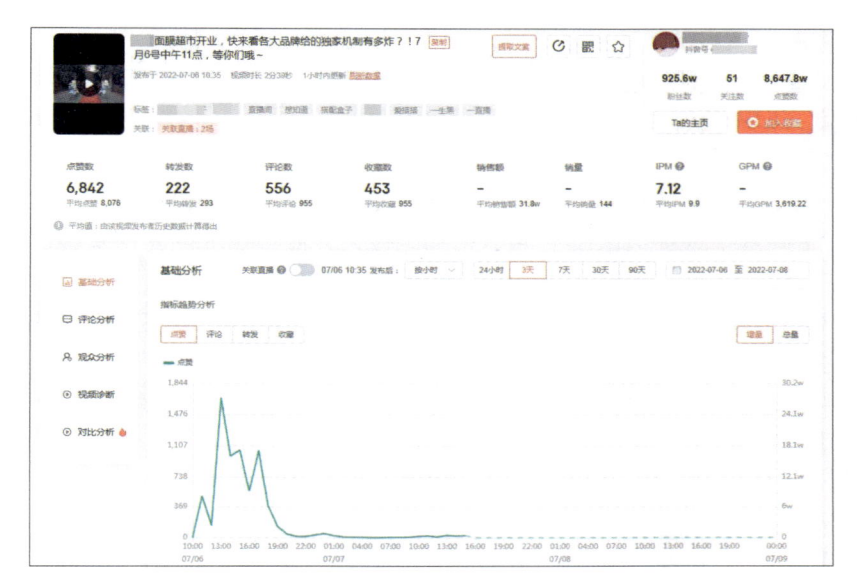

图 4-16 短视频的数据详情界面

3．分析热门视频的数据

想要拍出热门视频，首先就要经常刷热门，因为用户的口味变化非常快，而热门就代表了用户当下的喜好和内容走向。你不光要多看，还要拆解每一个作品能火的原因，这样你会更容易找到热门视频的打造方法。

4．分析搜索视频的数据

通过抖音的搜索视频数据分析，可以判断出用户在关注什么样的内容，这样你就能精准产出用户感兴趣的作品，做到未卜先知。当然，数据分析不能单凭自己的感觉，只有通过数据的真实反馈，才能找到问题所在。

通过数据分析找到用户真正的需求之后，运营者可以结合用户的需求来调整标题、封面、内容、细节、关键词、发布技巧、作品类型、讲解方式等，让内容对用户更具有吸引力，从而提高内容上热门的概率。

4.5.5　学会逆向思考，让你的作品更受欢迎

所有的人都想让自己的作品上热门，却很少有人会思考，用户为什么不给你的作品点赞、评论，也不愿意关注你呢？这是因为你没有进行逆向思考。

大多数人只会考虑自己的感受，在拍作品的时候都只想着表达自己的想法，而忽略了你的作品能给用户带来什么。如果你拍的作品和用户没什么关系，那别

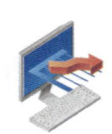

人看到你的作品当然就轻易划走了。

说到这里，我想问你，什么样的内容你会点赞、转发？可能每个人都会有自己的答案，但不管怎样一定离不开以下几点。

（1）有用。相信这个大家都比较容易理解，就是你的作品能给用户提供什么有用的信息，可以是干货类，也可以是资讯类，还可以是经验类。

（2）有趣。现在大家的生活压力都比较大，如果你的内容带有趣味性就能够让用户喜欢上你。

（3）共鸣。这里指的是情感共鸣和经历共鸣，即你的内容能够触动对方，让用户引发情绪的波动和认同。

（4）创意。你和别人有什么不一样，能不能给用户带来感官上的刺激，甚至颠覆用户的认知。

（5）好看。无论是人还是风景，只要是好看的事物谁都会喜欢，因为它能激发用户对美好事物的向往和追求。

以上 5 点，只要满足其中一点你的作品就能让用户喜欢，当然，满足得要点越多，作品上热门的机会就越多。所以，在创作作品的时候，要想获得用户的点赞、关注，就看你的作品到底满足了用户哪些需求？用户会因为什么而喜欢上你的作品？一旦培养了创作逆向思维，不再单纯凭感觉创作，你就离用户和热门近了一步。

4.5.6 掌握利他思维才能有高赞作品

何为利他？就是你能为别人提供什么价值。这个价值可以是实体的，也可以是虚拟的，比如钱、知识、快乐、情感等。现在抖音号有那么多，如果你不能提供独有的价值，那么很快就会被淹没在信息流里。

所以，想要对方点赞和关注，你一定要有利他思维。那如何才能放大自己的价值呢？运营者可以重点做好以下 5 个方面的工作。

1. 从自身出发

思考自己擅长什么，比如讲段子、才艺展示、观点输出、戏精表演等，这些都是你个人的价值。有人说我什么也不会怎么办，如果你长得好看或者有特点，那这也是价值啊！总之，每个人身上都有可以挖掘的闪光点。

2. 找参照抖音号

找到和你提供同等价值的热门账号，看对方的展现形式，吸收可以借鉴的点，甚至有些爆款的内容可以进行模仿，这是前期做内容的时候最容易突破的。

3．系统搜集资料

通过各种渠道以及和用户聊天的方式，搜集各种与你的账号内容价值相关的资料。比如，你是拍搞笑段子的，就可以通过一些软件来搜集你感兴趣的素材，作为内容储备。

4．价值放大镜

这里的放大镜，指的是确定了自己的价值点之后，在内容中反复强调一句话，打造洗脑金句。例如，我开篇说的一句话：每天一个小知识，快速玩转抖音。这句话就是用来放大我所提供的价值，让听课的人都知道笔者会玩抖音，从而使笔者获得对抖音感兴趣的人的关注。

5．及时反馈纠错

你所认为有价值的点，可能在别的用户看来并没有什么价值，或者压根不是他们感兴趣的。这个时候，你就要根据身边人和用户的反馈进行调整，找到你的问题所在，看是你提供的价值无法满足用户的需求，还是你的内容深度比较浅，吸引不到用户。

人都是趋利避害的，哪里有好处就愿意往哪里去，你提供的价值点越多，也就越容易吸引粉丝的关注。

4.5.7 用好这招你的作品就能上热门

什么是热点？简而言之就是当下大家都比较在意和关心的事。跟热点也叫借势营销，这是抖音达人经常使用的方法。热点分为两种：一种是可预知的热点，比如大型的赛事或者节假日、每届的世界杯总决赛；另外一种是不可预知的热点，比如社会重大新闻或者明星八卦。

为什么要学会跟热点呢？因为热点本身就自带传播属性，正是因为大部分人都关心，所以热点的背后往往蕴藏着巨大的流量和关注度。那究竟要如何蹭上热点呢？接下来，笔者给大家说一下抖音上热点的3种常见形式。

1．热点音乐

抖音之所以叫抖音，抖的就是音乐，音乐才是抖音的灵魂。相信玩过抖音的朋友都听过洗脑神曲《海草舞》吧？你看现在谁拍视频还会用《海草舞》配音？基本没有了吧！这是为什么呢？因为如果你用早就过时的音乐作为配音，对于粉丝来说早就已经麻木了，抖音也很难主动给你推荐。

为了鼓励创作更多新鲜有趣的视频，抖音更愿意推荐当下比较火的音乐，比

如笔者写稿期间《小城夏天》比较流行，很多人借助这个热点音乐进行创作，相信再过一段时间《小城夏天》也会慢慢被淘汰。

热点音乐不只是一首歌，它还可以是一首歌的一小部分，或者是一个抖音里面的梗，如"好嗨哟！""你这个糟老头坏得很！"等。

大家要经常留意抖音热搜的音乐榜单，看什么样的音乐最近比较流行，然后在此基础上进行创作。如果没有时间天天刷抖音，大家可以查看"西瓜指数"小程序，这个小程序会实时更新抖音的热门音乐。

2．热点事件

大家还记得英雄联萌职业联赛的 IG 战队夺冠的时候吗？那时候，微信朋友圈、微博、抖音，都在谈论关于 IG 的事。IG 夺冠当天，只要你发与 IG 相关的内容，就能快速获得大量流量，而且抖音也愿意给你推荐至热门。

大家要记住，蹭热点内容的时候，一定要结合自己的内容定位和人设去蹭，不要乱蹭。如果你是做游戏领域的，那 IG 夺冠的内容你可以去蹭；如果你是做营销领域的，你可以分析下明星是如何在微博推广 IG 的；如果你是做服装穿搭的，你可以科普下选手们生活中的穿衣搭配。

但是，如果你是做和这个热点不相关的领域，比如科技、美食、育儿等领域，那就不要去蹭了。总之大家要记住，蹭热点一定要学会取舍，结合自己的领域去蹭，不要什么都蹭。

最后一点，就是中国人对于一些大型节日通常是比较重视的，你至少要在节日前半个月开始做规划和准备。拿春节来说，你可以提前搜集大家关心的点，像年轻人被七大姑八大姨问很多问题，你就可以围绕着这个场景结合你的定位，设计相应的内容。

3．流行的拍摄形式

市面上有很多创意拍摄模板，有些模板经过达人一推可能立马就火了。如果你在刷抖音，或者看西瓜数据热门视频的时候，发现这个视频的拍摄形式最近比较流行，就可以结合着自己的内容来跟一波热点。

当然，你也可以关注一些创意拍摄软件，然后找一些好玩的模板自己玩起来，也许因为你的率先尝试就能快速火起来。

在这里，给大家推荐一款创意软件——"趣推"，这款软件里面就有很多新颖好玩的拍摄模板。当然，我们也可以对新的拍摄形式进行改编，加入一些更搞笑的元素，这样就会获得更多的点赞和关注。

第 5 章

内容创作：让你分分钟成为抖音红人

抖音号运营，内容创作是关键。那么，什么样的内容更容易上热门呢？又如何持续创作出高质量的短视频呢？这一章，笔者将重点对这两个问题进行解答，让你分分钟成为抖音红人。

5.1 做出快速传播的内容：上热门的共性

很多人的作品播放量不高，第一时间想的是自己账号权重不高，却从来没有想过自己的作品有什么问题。

抖音是一个去中心化的平台，除了基础的规则，只要你的内容互动比高，任何人都有机会上推荐，也就是上抖音的热门。每个上热门的作品，其实都有一些共性，如果掌握了这些共性，你就相当于建立了一套识别和打造优质内容的标准。有了这套标准，你就能够给别人进行内容诊断，知道对方的作品应该如何优化和升级。

那打造一个好作品有哪些核心秘诀呢？接下来，笔者就来告诉大家制作热门作品的几个核心点。

5.1.1 能提高网感的不二法门

所谓好的作品，就是让用户看完能产生共鸣的作品。因为它不但能切入生活情境，还能在短时间内调动用户的情绪，更重要的一点是，能在最大程度上引起用户的认同感，而这种认同感，就是网感中的一部分。

其实"网感"这个词并不新鲜，早在互联网行业出现的时候，它就出现了，而现在它已经成为包括短视频在内的所有互联网从业者必备的基础能力。

说了这么多，那究竟什么叫网感呢？用一句话来说，网感其实就是你对互联网的敏感度。比如，父亲节期间，有很多账号都在蹭父亲节的热点，这就是对节日的敏感度。

很多运营者特别厉害，只要他（她）接触到的信息，就知道什么能火，而且往往能快速反应。这种异于常人的毒辣眼光和敏感度，其实都是在无数次实践中培养出来的。在这里可以给大家几个建立网感的小技巧。

1．留心生活，洞察人性

一个作品之所以能火，甚至能引发大量用户的评论，其实是背后的人性在起作用。只有留心周边的生活，加深对人性的了解，你才能掌握作品能火的根本原因。

在这里，大家可以多看些心理学的书籍。比如，《九型人格》这本书就把人的性格分为 9 个类型，每个类型背后都有着不同的动机，建议大家可以看看。

2．留意短视频和生活的热点

抖音短视频基本上每天都会有新的东西出现，大家每天要抽时间浏览下抖音的热搜榜单，看下抖音最近的流行词和热门音乐。看到合适的，你就把它收藏起来作为素材储备，即使现在用不上，以后迟早有一天能用上。

还有，还要留心外界的热点，大家都应该玩过微博，上面就有很多社会性的热点话题，这些都是素材。

3．敢于表达自己

看到敢于表达自己，可能有人会觉得有些难度。因为有的人平时在生活中就比较内向，不愿意把自己真实的想法坦露出来。为什么？主要是害怕自己说错话，在舒适区待习惯了，久而久之对自己就有了一个不善言辞的刻板印象。

不管你是自己玩抖音，还是教别人玩抖音，都要勇敢表达自己，因为网感就是爱谁谁、我想说就说、你爱看不看的态度。你只有敢于亮出自己的观念、立场和想法，才会吸引与你价值观趋同的人。

5.1.2　打造快速识别你的金句

可能有人对金句的定义还不是很清楚，从字面意思来讲，金句就是像金子一样有价值的话。说话的人不一定要有名，但语句要言简意赅，能给人留下深刻的印象。

金句一定要符合你的人设。比如，某个运营者的人设是"喜欢自恋的美少女"，那句"无处安放的魅力"加上她一本正经的搞笑风格，就给用户展示了一个有趣、充满喜感的人物形象，可以说最后那个金句就是她独有的记忆符号。

这种金句打造的专属记忆符号植入用户的心中，只要用户一想起这句话就能记起她，你看有自己的金句是多么的重要。那怎样才能有自己的抖音金句呢？在这里笔者可以教大家几个招式。

（1）介绍式。直接以自我介绍的方式告诉大家你是谁，比如，"我是很想红的全网红"，就是一句话介绍自己的金句。

（2）价值式。直接告诉大家你能提供什么价值，比如，"每天为你读一本书"，就是通过提供的价值，来提炼的金句。

（3）幽默式。通过夸张、自恋、搞笑的表达，来增强用户的记忆性。

上面这3种就是抖音金句的常见招式，大家只要按照上面的方法执行，就可以拥有自己的金句。再次强调，金句一定要符合你的人设和拍摄方向，这样才能放大你的品牌价值。

5.1.3　吸睛短视频标题的套路

一个标题有没有吸引力，能不能抓住人的眼球，对于抖音运营来说至关重要。尤其是现在，短视频那么多，如果你的标题没有一点套路，就很难勾起大家点击的欲望。

那么，如何才能给短视频取一个好的标题呢？接下来，笔者就跟大家聊聊常见的取标题套路。

1．以"利"诱人

有好处谁都喜欢，运营者可以在标题中直接点明利益点，这里的好处并不是一定实物类的福利，而是让用户有"占便宜"的感觉。在这里笔者是给大家提供一种思路，当然，也不是所有的作品都适合用利益诱导。

图5-1所示的短视频中，便是通过在标题中添加优惠的抖音团购价格来引导用户观看短视频内容，从而吸引用户到店消费。

图 5-1 以"利"诱人的案例

2．以"新"馋人

人们总是对新鲜的人、新鲜的事物感兴趣，这是人之常情，如果你能把握住这个点，制造出具有新闻价值的标题，也许就能引发巨大的轰动。在这里给大家提供一些新闻标题常用的词语，如首度、第一次、领先、创新、终于、风生水起、暗流涌动等。

比如，某短视频将《女生第一次见家长必备攻略！！！》作为标题，这样一来，部分热恋期的女生想知道第一次见家长怎么做，或者有的人即便只是抱着看热闹的想法，但是在看到标题之后，也愿意将短视频看完。

3．以"情"动人

人都是有感情的，无论是亲情、友情还是爱情，我们无时无刻不被"情"所包围。借助这个特性，可以根据内容在标题中抓住一个"情"字，要用"情"来打动用户，使用此类标题的时候一定要融入自己的情感！

图 5-2 所示短视频的标题便是将《敬 曾经我们的兄弟情》。看到标题之后，用户就会想知道这是什么样的兄弟情，自然就会选择看完这条短视频了。

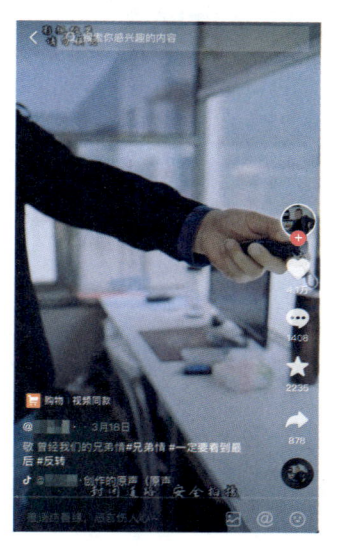

图 5-2 以"情"动人的案例

4. 以"事"感人

从小到大，我们一直都喜欢听故事，尤其是让人感动的故事，让我们记忆尤为深刻。如果你的内容有故事，那就可以用故事型标题来吸引人点击。

比如，某短视频中将《未婚狗狗善良抚育两只失去母亲的小猫长大的感人故事》作为标题，表达了动物间跨越物种的大爱。这个故事令许多人大为感动，并纷纷为这只善良的狗狗点赞。

5. 以"悬"引人

电视剧《人民的名义》播出时，收视率火爆。为什么这部剧会如此吸引众人的关注呢？很大程度上是因为一个接一个扣人心弦的剧情，因为你总猜不出下面一集的剧情会走向何方。写标题也是如此，要学会埋伏笔，让人急于了解真相。此类标题应具有趣味性、启发性和制造悬念的特点，并能引发互动讨论。

图 5-3 所示的短视频，将《姜爆鸭这样做，一只鸭子都不够你两个人吃》作为标题，直接给人留下了悬念：到底姜爆鸭要怎么做才好吃呢？于是许多人带着这个悬念看完了整条短视频。

图 5-3 以"悬"引人的案例

6. 以"秘"迷人

大家最喜欢听到各种真相，人类的求知本能也让更喜欢探索未知的秘密。于是揭秘的标题往往更能引发关注，如果关注过科幻类的抖音号，你就会发现他们的标题中通常有秘密、秘诀、真相、背后、绝招等关键词。

图 5-4 所示的短视频标题中便使用了"秘诀"这个词，看到这个标题之后，用户为了了解制作薯条的秘诀，自然就会愿意查看这条短视频。

图 5-4 以"秘"迷人的案例

7. 以"险"吓人

危机式标题一般都出现于安全健康类的账号中，它主要是通过危机的手法吸引人观看视频，比如因为某某坏习惯引发的各种问题，当粉丝看到相关标题就能引起强烈的共鸣，而这个坏习惯大部分人都有，这个视频能让人意识到他以前的行为是错误的，或者产生一种危机感。

比如，某短视频的标题为《警惕！路边碰到这种小红土堆，赶紧躲远点！曾有多人中毒、休克！》，很显然这就是典型的以"险"吓人的危机式标题。

8. 以"问"呼人

视频标题如何让人感觉更亲近？最简单的方法莫过于打招呼，就如中国人见面就会问的一句话："吃了吗？"显然，以对话、发问或者直呼其名的方式往往更能吸引人，甚至可能一些非目标人群也会因为好奇而关注你的作品。

图5-5所示的短视频直接将反问句作为标题。看到这个标题中的问题之后，许多人都会想从短视频中找到问题的答案。在这种情况下，该短视频的观看率自然就变高了。

图5-5 以"问"呼人的案例

9. 以"趣"挠人

一个好的视频标题，往往会让人过目不忘，这个就得益于创作者所使用的语言。生动、幽默、诙谐的语言，可以让标题变得活泼俏皮，而恰当的修辞手法和

谐音的效果，会让人回味无穷。

图 5-6 所示的短视频标题就具有一定的趣味性。看到这个标题之后，许多人会想要了解雪糕的价格究竟有多高，为什么会说它"对钱包不利"？于是，这些人马上就有了看这则短视频的兴趣。

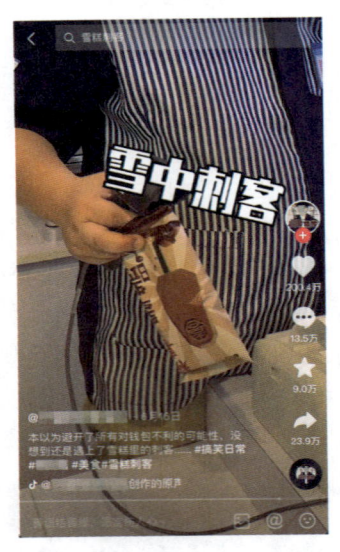

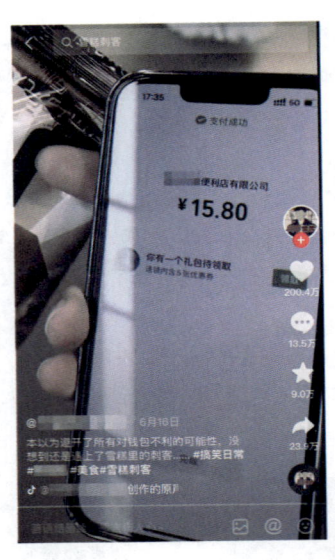

图 5-6 以"趣"挠人的案例

10. 以"议"动人

建议性的标题我们经常能看到，特别是在知识分享类的账号中，这种带有鼓动性标题更为多见，但是建议性的标题要想跳出常规，还得下一番功夫，多思考琢磨。在这里建议大家从人们都有的逆反心理着手，你越不让他干什么，往往他偏要干什么。

比如，某短视频的标题：《这 5 种食物不能再吃了，真的会中毒》，便带有强烈的建议性。

11. 借助"名人"

名人的任何事情都是大众所关注的，无论是他们的工作，还是他们的生活，或是他们的兴趣等，如果你所宣传的事物或者商品能和名人沾上边，借着名人的噱头就一定会吸引不少人的眼球。好多鸡汤类的账号就是借着所谓的名人名言做营销推广，这就是明星效应。

比如，某短视频就是将与某位明星偶遇作为标题，看惯了该明星在影视剧中的形象，许多人更想看看她在现实生活中是什么样子的。于是，看到这个标题之后，许多人马上就来了兴趣。

12．借助"网红"

抖音平台中有很多大众熟知的"网红"，他们经常有一些让大众喜欢的段子和故事，运营者可以加以利用从而吸引用户的关注。运营者可以与"网红"合拍视频，或者在短视频标题中@"网红"，这样就能让对该"网红"感兴趣的用户更愿意观看你的视频内容。

图5-7所示的短视频就是交警和某网红合拍的一个交通宣传短视频，并在标题中@了该网红，也正是因为如此，许多用户都关注到了这个短视频，而该短视频也快速登上了抖音热门。

图 5-7　借助"网红"做营销推广

13．借助"热点"

大家要学会抓住社会上的热门事件、热门新闻，并将其放置在视频标题中，通过大众对热点的关注，来获得更多流量。这里的热点大到奥运会、世界杯，小到节假日和风俗习惯等。

14．借助"流行"

抖音平台每隔一段时间就会出现一些流行词汇和神曲，运营者可以结合这些流行词汇和洗脑神曲来打造视频，从而提高视频对用户的吸引力。

比如，《野狼disco》这首歌曾因其魔性的旋律和趣味性的歌词而快速在抖

音走红，相当一段时间抖音广泛流行创作与该歌曲相关的内容，很多短视频直接把"野狼 disco"放在了标题中，这就是借助"流行"做营销推广。

15．借助"文化"

运营者可以将诗词、成语典故、古汉语、谚语、歇后语、口语、行业内专业术语、外语、方言、人名、地名、影视戏曲歌曲等融入视频标题中，以此来提升作品的"文化涵养"，吸引小众人群的关注。

比如，某短视频将《我一个内蒙古人给你们普及十级东北话》作为标题，借助东北话这种文化来吸引对东北话感兴趣的人群。

5.1.4 了解受欢迎的内容的共性

那些备受用户欢迎的内容，一般都有很多共性，比如，真人出镜、魔性的背景音乐、防不胜防的反转等，这些都是受欢迎的内容的基本元素。那这些基本元素的背后，究竟是满足了用户什么样的需求呢？笔者认为，它们主要满足了观看者以下 5 个方面的需求。

（1）增加谈资。很多人通常都是想通过抖音补充生活中不常见的冷知识和最新消息。

（2）愉悦释压。现在人的生活节奏比较快，大多数人看抖音，是为了释放负面情绪，缓解自身压力。

（3）学习提升。很多人玩抖音就是利用碎片化时间来提高自己。

（4）解决问题。解决护肤、穿搭、烹饪等生活中一些常见性问题。图 5-8 所示的短视频，就是从解决穿搭问题的角度来打造内容的。

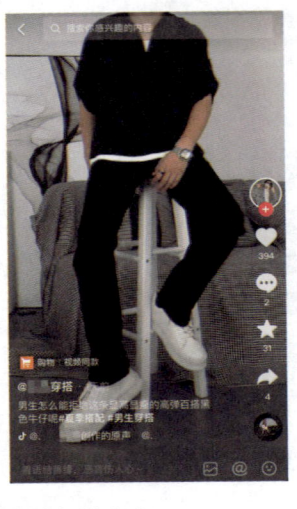

图 5-8 从解决穿搭问题的角度打造内容

（5）情感认同。比如正能量类，很多人看到一些感人的视频，看着看着就哭了。为什么会这样，就是因为触动了他心中最敏感的部分。

受欢迎的内容的共性，总结起来有6个字：共鸣、有趣、有用。如果你想让自己的作品被人喜欢，那你的内容至少要满足其中的一个条件，这样才可能获得用户的关注。

5.1.5 利用道具增加品牌的辨识度

某抖音号出镜者的道具就是一头橘黄色的假发和红色围裙。那大家知道为什么他的作品要反复出现这些道具吗？就是为了强化自己一人饰两角的搞笑人设，增加自己的品牌辨识度。

比如，某个艺人情商超高，不但自己出了书，还在喜马拉雅出了一套情商课。按道理说，他这么出名应该不用自己辛辛苦苦的打广告了吧？当然不是，毕竟现在社会注意力那么稀缺，为了增强用户的记忆，他特意做了一件事，那就是在衣服上绣了"情商课"3个字，出席各种场合都穿着这件衣服。

品牌的塑造是一个长期积累的过程，不能一蹴而就。所以，你看明星都在刻意传播自己的品牌，我们普通人就更要重视起来了。

道具就是一个非常好的传播元素，在短视频中如果能固定场景或者固定服装就一定要固定。比如，某抖音号主要是做健康科普知识的，为了突出自己的专业形象，主讲人每次出镜都会穿着一件白大褂。

用户看到白大褂就会联想起医生，而医生的形象是非常权威的，如果主讲人打扮得特别休闲或者性感，就会与内容不符，从而让别人下意识地觉得这个人不专业。

所以，大家在拍摄作品的时候，一定要思考怎么样结合自己的内容，加入一些可识别的道具，这些道具不一定要中规中矩。

举个做搞笑类账号的例子，为了增加辨识度，你可以在脖子上挂一瓶风油精，这瓶风油精就是你的专属道具，每次你气晕倒就把风油精当成"速效救心丸"来"吃"。

这样，这瓶风油精不但能增强用户对你的印象，还能成为一个槽点，激发用户的讨论和传播。只要下次用户想到、用到风油精，他就会想到你，因为风油精已经成了你的一个标志。

5.2 优质短视频的硬标准之一：静态特征

优质短视频的硬标准分为两种，即静态特征和动态特征。静态特征包括3个方面，即视频标题、视频封面和视频属性。

5.2.1 视频标题：10W＋的视频标题具备哪些特点

10W＋的视频标题通常具有 4 个特点，具体如下。

特点 1：贴近大众，有广大的"群众基础"，更容易走红。如对大众都会遇到的问题进行批判、吐槽、讽刺，引发共鸣；实用性强、贴近生活，对观众有价值；有情怀，表达大众推崇的价值观。

特点 2：内容丰富饱满，可看性强。

特点 3：内容＋展现形式体现出专业性。比如，某抖音号就是通过专业的汽车知识＋真人主持出镜的形式赢得了大量的粉丝，图 5-9 所示为该抖音号发布的短视频。

特点 4：个性突出，形成独有的风格，提升 IP 品牌知名度。集多个特点于一身，如颜值高、反差萌、有特点的声音、内容猎奇和反转剧情等。

图 5-9　专业的汽车知识＋真人主持出镜短视频

大家取标题的时候可以对照以上思路。如果你还是想不出来，还有一个直接、有效的办法，笔者之前也跟大家讲过，就是在大家养号的时候，可以多关注同类型热门视频的标题，甚至摘抄下来，继而通过套用转化为自己的标题。

5.2.2 视频封面：什么封面才能给用户留下深刻印象

封面会给用户留下第一印象，所以封面也是决定用户是否停留的元素之一。那么，什么样的封面才能给用户留下深刻的印象呢？

我们在制作封面的时候，可以把内容突出、精美、有代表性、核心的部分以及悬疑的内容呈现在封面上。这当中有一些窍门，就是可以把当时热门的风格作为封面来留住用户，前提是你的视频内容足够精彩，不然用户会感到被欺骗。

当然，一般来说封面相当于文章的标题，快手的封面允许用字条去概括视频的大概内容，而抖音上没有这类功能。所以，我们在制作视频的过程中，额外插入封面的时间是0.3秒左右，最多1秒，封面太长会显示跳帧。

那么，做短视频封面时，我们需要注意哪些要点呢？具体如下。

（1）能发封面图的一定要发封面图，比如剧情类、实用知识类短视频。
（2）能做标题一定要做标题，并通过字体、字色突出标题。
（3）封面至少22帧，短了会跳屏。
（4）背景要干净、颜色要单一、要有视觉冲击力。

5.2.3 视频属性：影响短视频推荐量的因素有哪些

以下几点会直接影响短视频推荐量，运营者在制作短视频时要多加注意。

（1）视频清晰、画质清晰、构图合理有利于推荐。
（2）不允许出现马赛克、黑边框、广告。
（3）画布大小比为9∶16，最好采用竖屏，画幅不能超出抖音的规定。
（4）画面要整洁干净，不要把无关的东西拍进来。

第二点要特别注意，开始的时候抖音只是会提示、警告，但是时间久了便会把你的账号关进小黑屋。

5.3 优质短视频的硬标准之二：动态特征

优质视频的动态特征包含点赞数、完播率、播放完成度、人均播放时长、次均播放时长、评论数、分享数、用户正负反馈等。这些动态特征的好坏，即用户对你视频的行为决定你的视频推荐量。

那么，什么样内容的短视频更容易获得较好的动态特征，以便得到抖音的推荐呢？这一节，笔者将为大家提供15个创作方向。

5.3.1 引起共鸣和认同：观念、遭遇、经历

人是有感情的，如果短视频中能够通过某些观念、遭遇和经历，引起用户的共鸣和广泛认同。那么，用户就会因为看完短视频有同感而点赞、评论，甚至是进行分享。在这种情况下，短视频的相关数据自然就会比较好了。

比如，某短视频中一位父亲因为有3个孩子，床上睡不下了，只好打地铺。而孩子们却把他的床当成了擦脚的地方。为了让孩子过上更好的生活，父母们往

往会默默承受很多，许多新生父母都经历过类似的无奈，因此短视频中这位父亲的遭遇马上就引起了大量用户的共鸣。

5.3.2 引起好奇：谁、为什么、怎么样、哪里

人都是有好奇心的。如果能够通过短视频的标题等，引发用户对短视频中讲的是谁、为什么会这样、怎么样来做、事情发生在哪里等问题的好奇，那么用户带着这份好奇心会更愿意将短视频看下去。

比如，某短视频将《驾照不是买的吧？最后的操作亮了……》作为标题。看到这个标题之后，用户不禁心生好奇。为什么要质疑驾照是买的呢？短视频中所谓的"最后的操作"是什么，为什么说"亮了"呢？就是因为这份好奇心，许多人都会想通过短视频内容一探究竟。

5.3.3 利益相关：自身相关、群体利益、地域利益

人都是趋利的，如果短视频的内容与自身利益、所在群体的利益、所在地域的利益相关，那么用户就会想要通过短视频来了解如何更好地维护与自己相关的利益。

比如，某短视频主要是对乘坐飞机的内幕进行了说明，因为与自身利益相关，所以该短视频发布之后，马上就吸引了许多需要乘坐飞机的人的目光。

5.3.4 引起思考：人生哲理、生活感悟、心灵鸡汤

人与许多动植物的重要区别之一，就在于人是有思想、会思考的。虽然抖音是一个偏娱乐性的平台，但是一些能够引起思考的人生哲理、生活感悟和心灵鸡汤，也能成为许多用户的精神食粮。如果短视频中的内容能引起深思、让人认同，用户也会不吝点赞、转发。

比如，某抖音号发布的两条关于人生哲理的短视频，其内容引起许多人的思考。正是因为如此，这两条短视频的评论量、收藏量和转发量都过万了，点赞量更是超过了 10 万。

5.3.5 引发欲望：对食物、物质、美好事物的追求

每个人都会有一些欲望，只是欲求的对象有所不同。如果运营者能够通过短视频内容，引发用户对于食物、物质和美好事物的追求。那么，人们即便不能拥有，也会愿意通过短视频从感官上感受。

图 5-10 所示的短视频中对蜜汁鸡翅的制作方法进行了说明，看到制作完成后鸡翅诱人的模样，许多人都忍不住吞了一下口水。甚至有些人为了吃到短视频中这种美味的鸡翅，可能还会请教运营者，并根据短视频的说明进行烹制。

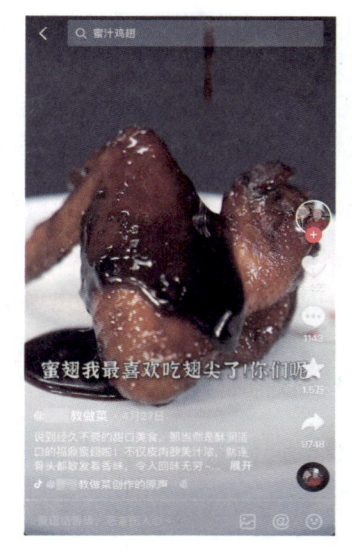

图 5-10 引发欲望的短视频

5.3.6 探求未知：新奇的事物、景色、人物和生活

对于未知的新奇事物、景色、人物和生活，许多人都会心生探求欲。运营者便可以将用户未知的内容进行展示，以满足用户对未知事物的探求欲。

比如，某短视频中对瑞士某地的风光进行了展示。瑞士风景好是众所周知的，但是因为条件限制，能够亲自去瑞士的人只是少数。而通过这则短视频，便可以看到瑞士的美丽风光，满足对瑞士风光的探求欲。

5.3.7 满足幻想：爱情幻想、生活憧憬

当人们对某些东西非常渴望，却又无法获得时，就容易产生一些幻想。如对美好爱情的幻想，对美好生活的憧憬等。运营者可以通过对人幻想的事物进行展示，从而吸引人们的关注。

比如，某短视频通过对90多岁老夫妻的日常生活进行展示，表达了相濡以沫、白头偕老的爱情。用户在看到这则短视频之后，在羡慕两位老人的同时，也希望自己能有这样的爱情，因此这则短视频满足了人们对于美好爱情的幻想。

5.3.8 刺激感官：听觉刺激、视觉刺激

感官是感受外界刺激的器官，人对外界的认知都来自各种感官。而在人的各种感官中，听觉和视觉带来的刺激往往能够直接给人造成影响，并且给人留下深刻的印象。运营者可以针对这一点，打造一些刺激听觉和视觉的内容，让人们在

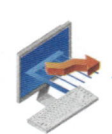

享受感官刺激的同时，为你的短视频点赞。

比如，某短视频总共就只有几个画面，或者说只有几张图片，但它却获得了超过 10 万点赞。之所以会出现这种情况，很大程度上是因为这条短视频中分享的背景音乐给人们带来了听觉上的震撼。

5.3.9 获取价值：有价值的知识、有帮助的常识

部分用户刷抖音是为了从中获得对自己有价值的内容，对此运营者可以通过分享有用的信息、有价值的知识和有帮助的常识，来吸引这些人。

图 5-11 所示的短视频，主要是对备忘录的使用技巧进行展示，许多用户觉得这些技巧对他们来说很有价值，于是纷纷点赞。

5.3.10 强烈冲突：常识认知冲突、剧情反转冲突

与常规的短视频相比，具有强烈冲突的短视频往往更容易吸引用户的注意力。运营者可以通过角色身份冲突、常识认知冲突和剧情反转冲突，打造令用户意想不到的内容，让用户因为惊喜给你的短视频点赞。

比如，某短视频中一位男士在厨房洗碗时，唱歌表达老婆让自己做各种家务的不满。而当他的老婆问他在唱什么时，这位男士立马转变态度，并表示希望老婆多安排点家务给他做。看到这则短视频的反转剧情之后，许多用户不禁开怀大笑，并为短视频的创意点赞。

图 5-11 获取价值的短视频

5.3.11 新鲜度：事件新鲜、手法新鲜、表现新鲜

再好的内容反复观看，也会让人产生视觉疲劳。运营者与其去模仿热门短视频，还不如用新鲜事件、新鲜手法打造具有新鲜度的内容，用新意吸引用户的目光。

T台秀大家都见过，虽然相关的服装造型各异，但是其材质基本都大同小异。而某短视频用绿色植物这种与众不同的材质来设计服装，正是因为其新鲜的表现手法，让用户看后大笑之余，忍不住给短视频点赞。

5.3.12 观赏度：色彩度、美观度、情节流畅度

短视频的重点还在一个"视"字上，在笔者看来，这个"视"，不仅仅是让用户看到，还应该考虑观赏度，即让用户看到更具观赏度的内容。对此，运营者在拍摄和处理短视频时，可以重点从色彩度、美观度和情节流畅度等方面，打造更具观赏性的视频内容。

比如，某短视频中的每个画面都可以当作手机桌面来使用，整个短视频极具观赏性。因此，用户看到该短视频之后，在赞叹美景之余，纷纷点赞。

5.3.13 稀缺度：内容稀缺度、版权稀缺度、素材稀缺度

俗话说得好，物以稀为贵，具有稀缺性的东西往往更容易让人重视。运营者如果有稀缺的内容、版权和素材，便可以将其拍摄成短视频，凭其稀缺度获得用户的关注。

蚊子咬你，你会怎么做？大部分人可能会直接选择一掌拍死，而某短视频中的做法则有很大的不同。该视频中被咬者忍着疼痛，让一只鸡将蚊子直接吃了。相信绝大部分人都是第一次看到这种操作，这条短视频因为其自身的稀缺度在抖音中走红，快速获得了将近80万个点赞。

5.3.14 精彩度：有亮点、有意义、精彩点布局

精彩度是短视频脱颖而出的重要因素之一。在短视频的打造过程中，运营者可以从有亮点、有意义和精彩点布局等方面，打造具有精彩度的内容。

比如，某短视频中一位新生奶爸在用心照顾孩子，而他的狗狗觉得失宠了，于是咬住了他的裤子。最后，这位奶爸为了更好地照顾孩子，选择把狗狗背在了身后。整个短视频充满了亮点，让用户看完之后不禁大笑。

5.3.15 实时热度：主题热度、话题热度、人物热度

一些具有实时热度的方向，如主题热度、话题热度和人物热度，其本身就带有一定的流量。当短视频的内容与这些实时热度方向相关时，用户通常就会表现

出一定的兴趣。

比如，很多 80 后和 90 后都是听着某个歌手的歌长大的，该歌手时隔数年之后发布了新专辑的先行曲目——《最伟大的作品》，一时之间该歌曲引起了人们的热烈讨论，成为了一个热门话题。于是，很多运营者发布了与该歌曲相关的短视频，如图 5-12 所示，这便是借助实时热度做营销推广。

图 5-12　借助实时热度做营销推广的短视频

5.4　持续创作高质量视频的途径

对于许多运营者来说，打造一个高质量的短视频尚且不容易，就更不要说持续创作高质量的短视频了。下面，笔者介绍几种创作途径，会使持续创作高质量的视频变得容易许多。

5.4.1　更容易上热门的商品拍摄形式

短视频怎样拍更容易上热门呢？接下来，笔者就来告诉大家 4 种更容易上热门的商品拍摄形式。

1．场景化拍摄

场景化就是利用大众熟悉的人和事，唤起在生活中使用的情景。而场景化拍摄，就是通过一系列的商品使用场景展示，让用户感觉这个商品在某些场景自己也能用上，从而激发用户的购买欲望。

为了让大家更好地理解什么叫场景化拍摄，我来举个例子。抖音上某个账号推荐了一款"纳米胶条"，这个纳米胶条的功能就是像双面胶一样能固定东西，为了体现这个胶条的质量和性价比，这个账号拍了 5 个情景式的镜头，下面笔者分别进行拆解。

第一个镜头是在墙上粘了一个砖头，为了展示这个胶条的承重力，又在砖头上面放了两块砖；第二个镜头是把胶条贴在副驾驶座位的后面，然后固定住手机在车上看剧，这个场景简直就是懒人必备；第三个镜头就是把胶条贴在桌腿上，然后把插座粘在胶条上面，再插上充电器，拍摄者最后还来回晃动两下，以此来展示稳固性；第四个镜头就更具生活场景了，将胶条贴在梳妆台的玻璃上，然后把随手要用的护肤品贴在胶条上，用的时候抬手就能取到；最后一个镜头就是取下胶条，然后水洗晾干，这个展示是为了突显胶条可以反复多次使用。

上面这 5 个镜头就是场景化拍摄，通过直接拍使用场景，来告诉你这个商品有哪些价值以及你在什么情况能使用。在这里考考大家，你们知道为什么要把叠砖的镜头放在第一个吗？答案很简单，就是因为这个镜头有视觉冲击力，一个胶条居然能承受住 3 块砖的重力，这个会让没见过的普通人觉得很神奇，所以大家要尽可能在视频前 3 秒抓人眼球，如果不能在一开始就吸引到用户，用户就很容易划走。

2．讲解式拍摄

在抖音中这种拍摄形式比较常见，就是拿到商品后先了解这个商品的用途和面向人群，然后通过画外音和真人出镜的讲解形式来告诉用户，这款商品的好处和它的使用方法。

比如，某抖音号主要做的是母婴类的商品，其中有个推广"水果咬咬乐"的视频，就是采用的讲解式，一上来就直击用户的痛点，告诉妈妈们：婴儿在口欲期喜欢啃咬，那就用咬咬乐，既能满足咬嚼，又能增加营养；然后介绍这个商品的外形和使用方法；最后再把草莓放入咬咬乐里直接演示一遍。

上面这段视频总共也就 20 秒的时长，却获得了 20 多万个点赞，从拍摄难度上来说，基本上是人人都能拍。你看，通过讲解的形式，不但能解决用户的使用困惑，还能让用户第一时间知道使用商品的好处。

另外，做讲解式拍摄，声音一定要尽可能好听，自己的情绪也要饱满，如果声音软绵绵的，一听就像没睡醒似的，用户下一秒肯定连看都不看就会快速划走。所以，讲解的时候要自带情绪，而且要采用跟朋友聊天式的语气，不能过于生硬。

3．仪式感拍摄

仪式感我们每一个人都经历过，也都需要。

比如，过年的时候小朋友要给大人磕头拜年，而大人也会提前给小朋友准备红包，这就是一种仪式感。还有，现在大家的生活压力都特别大，有的人就会在周末奖励自己一顿大餐或者喝点红酒，这些都是仪式感。所以说，仪式感与金钱无关，是一种表达内心情感和生活态度的方式。

既然仪式感这么重要，那怎样将其融入商品拍摄中呢？很重要的一点就是，我们要给商品赋予情感。举个例子，在求婚的时候，男子都是单膝跪地送给女子一颗钻戒。为什么不直接送现金呢？因为钻戒很珍贵，是爱情的象征。这就是求婚时相爱男女所需要的仪式感。这是情感的表达。

我们在拍摄商品的时候，一定要先给这件商品赋予特殊的意义。比如，有一个点赞 36 万的种草视频，内容特别简单，就是坐在阳台上玩泡泡机。你单看，这和其他种草号同类型视频相比并没有什么太多的亮点，但它的厉害之处就在于，能给这个泡泡机赋予爱情的内涵。

我们来看它是怎么赋予商品意义的，它选的拍摄画面是：在阳台上，主角看着路上的行人，一个人玩泡泡机玩得很开心。而视频中配的文案是：人家的泡泡机跟你们的不一样，这是男朋友送的礼物，我感觉能坐着看一整天。我们再看它的标题：有时候快乐就是这么简单！

相信讲到这里，大家对于赋予商品意义，应该多少有一些感觉了吧！其实拍摄者本人有没有男朋友，用户并不关心。但是正因为她赋予了商品爱情和美好的意义，大家在看到视频的那一刻，就有了入手这款商品的理由。男生买这款泡泡机的理由是：我要给我女朋友送一个，要让她快乐，这才是爱！女生买这款泡泡机的理由是：虽然我目前还单身，但是泡泡机还是买得起的，我要为爱自己买单！

大家看到没，卖商品其实卖的并不是商品本身，而是商品的特殊意义。这就好像有人为了所谓的面子，花一年的工资给自己买一个包包是一样的道理。

4．情景剧拍摄

相信大家看字面意思都比较好理解，就是通过情景剧的形式来植入自己的商品。抖音毕竟是一个娱乐化的短视频平台，想要你的内容被更多的人看到，可以尝试着做情景剧。通过情景剧的形式，大家可以把商品的功效植入剧情里面，利用剧情冲突，让用户参与到作品的讨论中，从而吸引更多用户购买你的商品。

比如，某个抖音号基本上每个作品都是在打广告，但是它的广告不但不让人反感，反而因为剧情的反转以及丰富夸张的表演，俘获了一大批忠实粉丝。评论区经常有人说：他们就是专门来看广告的。这个抖音号中有一个作品笔者印象比较深刻，在这里跟大家讲一下剧情。

画面一开始，一个男生拉着女朋友踩路边丢弃的牛奶纸盒，前两次踩完因为水溅到脸上，把女朋友脸上的底妆都弄花了。最后一次这个男生踩饮水桶，由于他女朋友提前用了一款防水的控油粉饼，虽然溅在脸上的水多了，但是脸上的妆容却一点都没花。这个剧情视频一共获得了 50 多万个点赞，带来了几万份的实际销量。

之所以能卖这么多份，除了上热门有足够多的推荐播放量外，最关键的是，这个作品通过夸张的表达手法，把这款粉饼的防水和控油的功效完美展现出来了。当然，这都是背后有团队在运作。那咱们普通人，就不用那么复杂。大家可以在网上找一些能和商品搭配的热门创意和素材，直接拿来用就行。

5.4.2　前期容易上手的拍摄内容

很多刚玩抖音的朋友，在前期完全不知道如何上手，也不知道到底该拍什么。接下来，笔者就来和大家聊聊，前期拍抖音容易上手的几类内容。

1．颜值类

我们经常在网上看到有很多好看的小哥哥和小姐姐，不管他们干什么都有人点赞。可能你会说：我对自己的颜值不够自信怎么办？

这个世界上没有丑人，只有懒人，大多数人的长相其实都很普通，你在抖音上看到那些好看的人，很多都是化妆后开了美颜和滤镜的，只要你会化妆，再结合抖音强大的美颜功能，你也能在抖音上成为一个高颜值的人。

2．才艺类

如果你有某方面的才艺，这个就比较简单了，你只需要紧跟热门，适时展示自己的才艺，便能吸引人们的目光。

比如，《最伟大的作品》上线之后不久，快速成了热门歌曲，于是许多运营者便开始结合该歌曲展示自己的演奏才艺，如图 5-13 所示。因为这首歌自带热度，再加上演奏者自身的水平也比较高，所以这些展示演奏才艺的短视频也快速上了热门。

3．新奇类

我们经常在抖音上刷到一些新奇的内容，大呼厉害。而这些新奇内容，操作和学习难度其实并不算大。比如，像生活中的小神器、日常商品的隐藏功能或小技巧，还有一些不为人知的小秘密等，其实大多数新奇类内容你都可以在网上搜到，只需要加工整理就行。

4．萌宠类

如果你自己实在不愿意真人出境，家里恰巧在养小动物，那你就拍你家宠物

的日常。笔者看过一个账号，账号运营者家中有只小猫，她每天给猫咪喂不同口味的食物，然后拍下来上传到抖音，她就这样拥有了 80 多万粉丝。现在这个账号还开通了猫粮店铺，每天销售额就有好几千元。

图 5-13　展示演奏才艺

5．晒娃类

有的宝妈在家里没事干，觉得没有素材可拍。其实，只要记录你和孩子的日常生活，把孩子可爱和卖萌的一面展现出来，就能获得很多人的关注。

6．搞笑类

搞笑类短视频的拍摄方法不尽相同，运营者可以在网上找一些段子，或者直接翻拍热门榜单的段子，通过自黑的方式来展现自己的性格特征。

7．尬舞类

这个不需要你有专业的舞蹈底子，只要你自己能玩起来就行。找到抖音上比较火的舞蹈，并以笨拙的方式演绎出来，你就能做一个"灵魂舞者"。

8．经验类

如果某一领域你比一般人专业，就可以在抖音上分享，比如，手工、花艺、美食制作经验，以及一些别人不知道的生活小常识、故事或者经验都可以。图 5-14

所示的短视频，就是在为用户分享手工制作的经验，而且还将用到的花纸放到了购物车中，这样就成功达到了带货的目的。

图 5-14 分享手工制作经验

9. 记录类

记录类短视频就是通过镜头记录自己的真实生活，抖音有一个案例比较厉害，某个小哥每天记录自己把钢铁磨成针的视频，就是凭借这个系列的短视频，让他拥有了 20 多万粉丝。

听上去你可能会觉得有点荒谬，但是只要你能认准一件事，然后每天记录，时间长了，就一定会获得别人的关注。这背后其实展现的是一种坚持不懈的精神，会让人敬佩，同时也会有更多人承担起监督你的角色。

如果你前期实在不知道自己到底该拍什么内容，可以根据自身情况，从上面这 9 大类内容中进行选择，相信这其中一定会有适合你的内容呈现方式。

5.4.3 优质作品必须具备的条件

我们都知道，抖音运营的核心就是视频内容，接下来，我们就来聊聊优质的内容都要具备哪些条件。

（1）选题的稀缺性。这里的选题指的是拍什么方向的内容，选题越稀缺，就越容易得到他人的关注。如果没有团队，可以让你身边的朋友对每期内容的选题进行投票，看他们对哪一类选题更感兴趣。

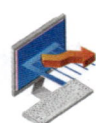

（2）剧本的可看性。敲定选题后，就要开始进行剧本打磨了，在创作剧本的过程中，你要思考怎么样让内容变得有用和有趣，价值点越多也就越能吸引他人的关注。

（3）人物的表现力。再好的剧本，只要真人出境就一定要重视自己的表现力，只有这样才能把别人带进你的剧本里。

（4）高清的画质。现在的人对于不清晰的视频很难忍受，如果作品的画质效果比较差，清晰度和亮度都不够，用户很可能就会选择划走。另外，在拍的时候一定要注意光线和亮度，不能让别人感觉画面很昏暗。

（5）毫无违和感的后期。优质的内容光靠前期的策划和拍摄还不够，还要具备导演思维，将作品通过后期剪辑完美地呈现出来。这里的后期剪辑，不是说你非得专门去学，而是你要知道如何通过后期剪辑将自己的想法表达出来。如果对后期剪辑一窍不通，给大家推荐两款小白就能上手的软件，一个是快剪辑，一个是小影。里面都是现成的模板，很多都是可以直接套用的。

以上5点，如果你把每一点都用心做好了，视频不可能不受欢迎。说了这么多，笔者想跟大家再强调一点，笔者所讲的知识点都是经过验证的，如果你只听不去实操，其实是很难拍出受欢迎的视频的。

5.4.4　善于搜集信息才能持续更新作品

很多人反馈说自己拍了一条后，不知道下条该拍什么。这是为什么呢？说到底，还是你没有掌握持续更新的方法。所有的创新其实都是在现有的基础上进行优化和改编，只要你在合适的渠道找到合适的信息，就会有源源不断的素材。

那究竟要如何做呢？笔者给大家提供5大渠道，只要按照笔者提供的思路去找与你人设相关的信息，就再也不用担心自己要拍什么的问题了。

（1）短视频平台。像快手、抖音、微视、火山小视频美拍和秒拍等短视频平台，有很多相关的同类型作品，可以通过搜索关键词的方法，关注这些平台与你相关的作者。关注的目的，笔者在前面的内容中讲过，就是跟优秀的同行学习，把他们已经验证成功的思路和创意拿过来用。

（2）新闻资讯平台。如果抖音号需要搜集一些相关的时事热点或者其他内容，就可以关注今日头条、一点咨询、腾讯新闻、搜狐新闻等平台，这些平台目前是我国信息量比较大的门户网站。

（3）新浪微博平台。如果你做明星、情感、鸡汤、动漫、段子等内容，就可以在微博搜索相应的关键词，关注感兴趣的博主，找各个领域的头部博主，也就是所谓的意见领袖，他们的内容都是经过精心策划的，很多都是直接可以拿来用的。

（4）微信公众号。微信经过多年的沉淀，储备了各个垂直领域的干货文章，特别适合那些做护肤、养生、减肥等知识分享的朋友，里面有很多你想要的小常识。在这里，可以教大家一个技巧，打开浏览器，点击"微信"小程序，再输入关键词就可以找到你想要的微信文章。

（5）各类垂直网站和 App。如果你的目标用户是特别小众的垂直人群，你就可以上在对应的贴吧找相关的信息。还有，可以使用一些行业的垂直类软件，比如做女性保养的，可以下载美柚等 App；做健身类的，可以下载 Keep 等 App；如果做海淘的，可以下载小红书等 App。

之所以让大家在各自所在的领域找垂直类 App，其根本原因就是，里面都是非常精准的用户群，他们所讨论的话题以及关心的点，都可以作为你下一次内容创作的素材和选题。

5.4.5 做短视频不能触碰的雷区

玩抖音，大家一定要想方设法避免一些常见的雷区，不然一旦踩到雷，轻则前功尽弃，重则直接会失去信心。那究竟有哪些雷区呢？接下来，就给大家一一介绍，看你曾经有没有踩过这些雷。

1. 频繁地修改抖音个人资料

很多朋友，刚开始做抖音时没想好要拍什么，对自己的抖音号也从来没有规划。一上来就把自己的头像、名字和简介等基本信息先填了，后面发现不合适就来回修改信息。

先不说你这样操作容易让抖音误判你是营销号，单说你这么来回改也加大了抖音审核人员的工作量。切记，个人资料一旦定好了，就不要随意修改，这不但容易被抖音降权，而且也不利于你在粉丝心中留下好印象。

2. 频繁发作品

"多拍，多发，总有一个会火！"抱有这种想法的人不在少数，看到别人随便蹭个热点突然火了，有的人就认为上热门要凭运气。笔者在第 4 章讲了抖音的推荐逻辑，作为算法驱动的平台，抖音和其他社交平台有些不一样。

这也就意味着，在内容上要有目的地运营和强化人设标签，你要做的绝对不是依靠拍摄视频的勤奋来弥补"战略上的失误"。在蹭热点的同时，一定要确保热点符合你的人设和内容方向。

另外，笔者要跟刚玩抖音的朋友说一下，如果你刚注册抖音没多久，还没有正式开始发作品，一定要重视前 5 个作品的质量，宁可拍得慢一点，也不要瞎拍。

因为抖音会根据你前面作品的优质程度,给你的账号进行评级。如果作品的互动数据不好,即使你拍得再多,也会逐渐变成低权重的账号,而且很难再获得抖音的信任。

3．拍抖音一定要用专业设备

很多冲进抖音赛道的玩家,一旦遭遇瓶颈,就会抱怨自己没有专业设备,然后轻易地放弃。他们并不愿意承认,其实大多数抖音爆款,都是用手机拍出来的。

从 15 秒到 1 分钟再到 3 分钟,抖音玩法刷新了我们对"短视频"的认知,也无形中降低了用户的操作难度。一个视频是否高清,其实并不能直接决定你的作品能不能火,别人在意的是你这个作品对他能产生什么价值。所以,拍抖音真的不用在意使用什么拍摄设备,而应该在意你对这件事的用心程度。

4．拍抖音一定要先赚钱的想法

可能有人看到标题,就要开始反驳了。我拍抖音的目的就是奔着赚钱来的,不然费那么多时间,我图什么呢?是的,做任何事情都不能完全不考虑自身的利益,但是你有没有想过,如果一上来就想赚钱,会发生什么问题吗?

首先,你会把焦点都放在变现上,而不会想着如何涨粉;其次,抖音目前在严厉打击营销账号,上来就做广告只要被检测到就会被抖音降权;最后,短时间内如果在抖音上赚不到钱,就会特别容易让人放弃。

所以,大家玩抖音,尤其是刚开始玩抖音时一定要摆正心态,任何事情都有一个播种期,不能还没开始就想着收割。把重心放在怎么给用户提供价值和涨粉上,自然而然就会有更多的变现机会找上你。

第 6 章

运营技巧：解析抖音的推广运营策略

对于运营者来说，抖音号的运营可谓至关重要。只有做好了推广运营，吸引了更多精准的消费者，才有可能挖掘更多"钱力"，增加收益。

那么，抖音号要如何运营呢？本章将通过对抖音推广运营策略的解析，帮助大家更好地玩转抖音运营。

6.1　利用最少配置，搭建高战斗力的团队

如何利用最少的配置，搭建高战斗力的团队呢？笔者认为，需要重点做好两个方面的工作，一是团队配置和分工，二是团队招募和管理。

6.1.1　团队配置和分工

许多人问：做一个成功的抖音号到底需要多少人呢？纵观抖音号的运营情况，可以看出，有单枪匹马一人身兼数职的，也有十几个人的团队合力打造一个抖音号的。

比如，某个搞笑类抖音号的团队由 4 人组成，该账号凭借 57 个短片，打造了一人分饰多角的人设，这个出镜者一会儿是唠叨的妈妈，一会儿是娇嗔的女儿。就是这样，该抖音号在 10 个月内累计获赞 365 万，拥有 80 万粉丝。

又如，某个美食类抖音号在启动初期，只有两个人，这两个人就用一部手机，外加一台电脑，创作了大量短视频。如今这个 IP 已经发展到全网拥有 2000 多万粉丝，视频分发到了 200 多家视频平台，团队规模扩充到 8 人，其中包含创意、摄像、剪辑、采购、运营等人员分工。

团队配置轻巧其实是大多数短视频创作团队的一个特征，很多头部博主的团队成员也不超过 5 个人。通常来讲，不管有几个人，都需要有以下的岗位配置。

（1）负责创意、策划、编导的统筹导演。

（2）拍摄和剪辑人员。

（3）运营分析人员。

统筹导演其实就是想点子并且将它落实的人，从账号的战略性定位到每个作品的内容策划，他都要参与其中，把控最终的效果。这个人必须对短视频有自己的理解，最好对某一垂直领域有深入的研究，明白用户的期待和痛点、痒点。有基本的影视剧本创作理论知识和经验，能驾驭几大爆款短视频的风格，并且能带领团队落地执行。

拍摄和剪辑人员也要有导演的思维，能够用影像将剧本和人物表达到位，很多时候，好的拍摄和剪辑能起到画龙点睛的效果。优秀的拍摄和剪辑人员，不仅仅要精通 PR、AF 等软件，会使用单反、智能摄像机、运动摄像机等专业设备，还要具备镜头感和音乐感。

抖音是音乐短视频平台，音乐对视频作品来说意义非凡，许多火爆的短视频作品，就是得益于音效和音乐的衬托。对于剧情类的视频来说，故事线很重要，但是对于幽默搞笑的短片，音乐往往能起到铺垫情节、点燃爆点的作用。在剪辑制作流程中，相关人员要有一定的音乐审美，让音乐服务于视频的主题，而不是只在爆款音乐素材库中打转。

运营人员要熟悉抖音的规则和战略变化，关注短视频的行业动态，及时把握抖音及全网热点，捕捉及引导用户行为，还要具备全局思维，熟悉抖音的商业化变现方法。

总之，在短视频创作的几大要素之中，创意第一，演员第二，运营第三，设备和场地往往都是排在最后。大家要注意合理调配资源，如果全部都要用最先进、最好的设备，肯定需要一笔不小的支出，很多短视频其实用一部手机就可以搞定。关于场地，笔者的建议是一切从简，能租的尽量租，能置换资源的尽量置换，要尽可能地降低制作成本。

6.1.2 团队招募和管理

前面我们说到了短视频创作团队的配置和分工问题，那可能有人就会问了，我上哪去找这些团队成员呢？这个简单，你可以通过 BOSS 直聘这样的网站招聘相关的团队成员，也可以去一些抖音交流社群里去寻找合适的人员。

寻找什么样的人员，取决于抖音号类型。如果你做的是家庭类的账号，那么毫无疑问，可以考虑让你的家人出镜。另外，剪辑类的技术性工作是可以外包的，目前市面上的剪辑人才很多，基本上能满足大多数人的需求。

总体而言，一个账号前期投入两个人即可，一个负责策划拍摄，一个负责运营；或者一个负责创意，另外一个负责作品的制作和上架。对于团队的管理，笔者有以下建议。

1．保持团队的学习力

短视频是新媒体的一种表现形式，时代的加速发展将这种"短平快"的形式推送到人们面前。短视频创作者除了要学习基本的运营操作方法之外，还要关注行业的动向，时刻准备调整战略，以适应平台和市场的发展。当账号积累了一定的成绩时，会很难从过往经验中脱离出来。所以，一定要保持空杯心态，不因过往而给自己设限。

2．制订远大的团队目标

不管是个人创作者，还是为企业代言的创作者，都对抖音怀有不同的期待，有着不同的动机。要带好一个创作团队，肯定需要有一个远大的目标作支撑，你要从整个行业发展的高度考虑，甚至要站在整个社会历史发展的角度考虑，只有这样才能做到对自己团队的发展心中有数。

6.2 流水线作业的流程标准化

大家可能会发现，许多传统综艺节目更新的频率，基本都是一周一次，甚至是两周一次，而反观现在的短视频，讲究的就是短平快，为了提高粉丝黏性，运营者很少会吊用户的胃口，大部分的账号基本都能做到一日一更，有的账号甚至会一日多更。比如，某个拥有 2000 多万粉丝的带货类抖音号在 2022 年 7 月 8 日这天便发布了 5 条短视频，如图 6-1 所示。

图 6-1 某带货类账号 2022 年 7 月 8 日发布的短视频

这样做可以快速得到用户的反馈，使作品能够及时迭代。专业的短视频制作机构，更偏向于采用较工业化的流程去生产内容，每个环节都有专业的人负责，整个流程比较顺畅，生产成本和生产时间也会比较节约。

如果没有合理的工作流程，就可能会耗费更多的时间，许多人刚开始做抖音时，可能光整理剧本就会耗费一天，拿起相机或者手机又没有明确的拍摄思路，最后拍摄的素材杂乱无章，后期处理起来更是毫无头绪。所以，要想持续生产内容，就必须要有标准化的生产流程。

大部分团队成员的工作习惯和流程不尽相同，但是短视频生产，基本上有几个共同的步骤。

1. 第一步，策划视频内容

每个短视频主题的选择、风格的设定、内容环节的设计、视频时长的把控、脚本的编写等都是需要在视频拍摄前期策划好的。同时，这也是视频创作中重要的一环，它往往决定着整个视频的方向和灵魂，该环节主要由编剧和其他一些相关的人员共同完成。

2. 第二步，写分镜头脚本

分镜头脚本是作品的视频化展现，一般包括镜号、景别、镜头运动、场景、画面内容、台词、画面效果和时长等。

有时候，创作人员和拍摄人员不是同一个人，面对密密麻麻的分镜表，一定要先提前让拍摄人员了解拍摄的重点和难点。

3. 第三步，准备拍摄清单

一份完整的拍摄清单会提高整个拍摄工作的效率，拍摄清单需要设置的内容有：编号、完成情况、具体描述、拍摄时间、拍摄地点、景别、镜头运动、拍摄角度、参与人物、使用设备、使用镜头、道具等。

拍摄时带上清单，每完成一项就在表上做标记，把相同场景的拍摄工作合并，这样，整个拍摄工作就会变得有条理。

4. 第四步，准备物料道具

完成了拍摄清单的准备工作，就可以开始准备物料和相关道具了。在什么地方用什么物料或者道具，都需要提前安排好，并且预估好拍摄时间，这样可以有效地控制时间成本。

5. 第五步，根据剧本拍摄

一个成熟的剧本是拍摄的开端，不过在短视频实际的创作过程中，拍摄期间往往会对剧本进行创意性的改变，甚至根据拍摄效果和灵感，颠覆整个情节设置，这些都是正常的情况。

6. 第六步，整理素材资料

关于素材整理，一个原则就是重视文件的命名工作。如果是图片，拍摄时就要编辑好图片的文件信息；如果是视频，开拍前可以说明拍摄清单中的第几段拍摄的是什么内容、拍了几遍，这样后期导出电脑就比较好区分整理。

文件存放在电脑中的时候，建议分5个文件夹类别，一个文件夹放拍摄内容，一个文件夹放素材，一个文件夹放视频包装材料，一个文件夹放配音，一个文件夹放输出的各种版本。

7. 第七步，视频后期剪辑

剪辑工作在视频创作过程中具有非常重要的作用，剪辑是为了呈现作品的主旨思想，所以需要多与创作人员沟通，并且在剪辑之前创作者可以把自己想要的

表达效果和素材告知剪辑人员,以提高剪辑的效率。不过,抖音大部分作品的拍摄和剪辑相对比较简单,有时候单靠剪辑就能做出让人眼前一亮的作品。

8. 第八步,视频调整打磨

一个作品被制作完成后,需要进行小范围的测试,给身边的朋友或者社群中的粉丝提前预览,然后根据观看者的直观反应和实际反馈,进行视觉上的调整和再次打磨。记住,用户的反馈是相当重要的。

9. 第九步,视频上架运营

经过调整后,作品就可以进入发布上架的流程。上架后需要运营人员重度参与,做好引导评论、回复评论等工作,还要根据用户的反馈数据,做好相应的记录,方便让下一次作品获得提升。

总体来说,一个视频从最初的创想到后期制作上架,可能需要大半天的时间,要想在抖音上揽获用户,需要持续更新,吸引用户的注意力,不管是日更,还是一周三更,都要做到制作效率和视频质量的平衡。

这一节我们讲了拍摄抖音短视频的完整工作流程,按照这9个步骤,基本上就能完成一个短视频的制作。可以说,只需要一部手机、一个人就能开始抖音短视频之旅,这也是抖音短视频制作的优点之一。

如果你有成熟的团队,也可以在这个框架中不断进行优化和调整。目的只有一个,那就是如何快速做出好的作品,并且让观众主动传播!

6.3 抖音运营的知识和技巧

如果你想玩转抖音运营,那么掌握一些运营技巧是很有必要的。这一节,笔者将重点对抖音的一些运营技巧进行解读。

6.3.1 什么样的品牌适合玩抖音

经常有很多传统的品牌企业主跟笔者抱怨,现在的生意不好做,获客成本也越来越高,不知道如何转型。为什么会出现这种情况呢?主要是用户获取信息的渠道正在转移。在互联网不发达的时候,大家如果想把自己的商品推出去,只需要在线下发传单,或者在当地电视媒体投放广告就行了。后来有了百度,大家又开始在网上宣传自己的商品。那个时候用户相对集中,行业竞争力小,信息也不透明,所以赚钱比较轻松。

现在房租和人力成本逐渐上涨,而且随着互联网的发展,信息越来越透明,竞争对手也越来越多。最关键的问题是,现在的用户相对比较分散,大家购买商品更倾向于朋友推荐和对品牌的信赖。

而抖音作为新一代年轻人聚集的平台，这也让部分商家嗅到了商机。许多商家开始通过抖音来曝光自己的品牌，并为自己的商品进行引流。究竟什么样的品牌适合玩抖音呢？笔者认为，主要有以下这 5 类。

1．高频、场景化的商品

这里的高频指的是人们生活中处处可见，经常需要的商品。而场景化指的是，商品或者服务能够把大家带入他熟悉的场景中，并且引发他强烈的感触。

比如，餐饮和旅游行业就有天然的曝光优势，线下的场景更容易制作内容。因此，我们在抖音上经常能看到餐饮和旅游类的营销推广短视频，如图6-2所示。

图 6-2　餐饮和旅游类营销推广短视频

具备同样特性的还有婚庆行业，通过华丽的场景照片和婚礼中发生的趣事，也能吸引用户的眼球。笔者之前关注过一个婚庆公司的司仪，他主持的形式特别有趣，把婚礼搞得就像相声专场似的，不但能感染婚礼现场的气氛，而且好多粉丝都纷纷在评论区表示下次结婚要找他做司仪。

2．自带科普属性的商品

这个比较容易理解，简单来说就是你的内容能够让用户学到东西。其实大多数商品背后都有大量的知识和技巧，我们要从消费者的需求出发，告知对方一些不知道的信息，以此来帮助用户填补认知盲区。

只有从内容层面让用户信服，才能树立你的专业形象，而卖货也自然就水到渠成。比如，推广化妆品，你就可以跟粉丝分享护肤的小常识和如何挑选适合自

己的商品。如果用户觉得你说得对，自然就会愿意花钱购买你推广的商品。

3．具有创意和新奇的商品

针对商品的卖点，要刻意放大商品的价值，有创意和新奇的内容在抖音上的传播力是相当惊人的。比如，有一家玩具店的老板，每天都让自己的员工挑一些好玩的玩具在抖音上展示。因为有些玩具是用户没见过的，当视频内容将玩具的新意和有趣的地方展现出来的时候，自然就能获取一大波粉丝。

4．品牌领导人拥有自身优势

如果自家的商品找不到可以曝光和展示的点，那就从自己入手。通过展示个人形象来让粉丝认识企业、认识商品，比如通过分享生活、工作动态，个人金句等形式来打造自身的人格魅力。这实际上就是将自身的影响力展示到抖音上，让用户在喜欢上你的同时，也认可你推荐的商品。

比如，抖音上某个运营者就是通过从教如何识别好牛排，到如何煎牛排、吃牛排，再到分享自己日常生活和价值观来吸引粉丝的，他这样做的目的也正是在塑造自己的人格魅力。

5．拥有企业文化的品牌

如果公司的氛围比较好，有自己的企业文化，可以把公司里真实发生的事拍成系列的段子，来展示公司的企业文化和员工之间的故事。笔者之前在抖音上刷到一个做茶的连锁店，就是走的情感路线，吸引了十几万粉丝。现在这个连锁店通过抖音招商，每天都有不少代理人上门咨询。

以上5点，如果你的品牌满足其中一个条件，你就可以运营自己的企业号。另外，品牌在运营方向上一定要慎重考虑，既要考虑内容的受欢迎程度，也要考虑后续生产内容的可持续性，而且要尽可能保证内容风格统一，让用户对品牌形成统一的印象。

最后，要想在抖音上做到有效的营销，请投入必要的人力和财力，如果只是试着玩一玩，你可能很难获得自己想要的结果。

6.3.2 玩抖音常用的工具

很多朋友刚玩抖音时，对抖音的辅助工具一概不知。对此，笔者专门从网上收集了全套的辅助工具，以此来帮助大家快速上热门。下面笔者就分别进行讲解。

（1）分析工具。除了前面介绍的蝉妈妈平台之外，运营者还可以通过卡思数据、飞瓜数据等平台分析数据。这些平台中包含各大短视频平台的热门榜单，你可以从中搜索抖音目前最火的达人，还可以看到最新的热门视频和新晋达人。

（2）视频拍摄工具。美颜相机、无他相机、今日水印相机（当然也可以用抖音自带的拍摄工具，不过为了方便后期剪辑，还是建议大家用这3个工具）。

（3）音频录制工具。很多时候，我们都需要录制并且剪辑音频作为画外音，笔者给大家推荐快影、荔枝FM、美册这3款软件。

（4）视频素材平台。大家如果需要一些电影片段作为抖音作品中的素材，推荐使用80s平台，里面有海量影视资源免费提供给大家下载。

（5）视频录屏工具。很多人想真人出境，觉得用手机录不方便，此时可以下载KK录像机和录屏大师，这两个软件支持1080P分辨率的无损录制。

（6）视频处理工具。快剪辑、爱剪辑和印象这些都适合小白使用，专业的剪辑工具推荐PR（需要用电脑操作，比较复杂）、VUE（拍摄分段视频的绝佳工具，很多人做抖音特效用的就是它）。

（7）片头工具。乐秀、万兴神箭手（里面有强大的资源库，可以为你的视频提供更多的美感和创意）。

（8）变声App。如果你的音频需要进行特殊处理，可以使用配音变声器。

（9）去水印App。水印宝、InShot（两个工具功能强大，可以直接帮你添加和去除水印）。

（10）配乐库。大家可以在抖音热门音乐排行榜中搜索。

（11）图片设计平台。创客贴（里面的模板多种多样，特别推荐小白使用）、fotor懒设计（可以在线印刷，支持手机扫码做图）。

（12）3个高清优质无版权图库。拍信（高品质创意内容共享平台，它的免费图库就足够用）、别样网（国内较大的无版权高清图片网站）、Foodiesfeed（美食相关的免费图库，做美食类账号可以关注）。

6.3.3 提高抖音号曝光的操作技巧

相信很多朋友都希望自己的抖音号能得到曝光，那除了内容本身优质以外，还有哪些能提高曝光量的小技巧呢？接下来，笔者就给大家介绍6个可以快速曝光抖音短视频的小技巧。

1. 取名要方便被搜索

有不少人都用过百度，我们一般找消息都会在百度搜索栏输入关键词，然后点击搜索就会跳出很多与关键词相关的信息。其实你所看到的网页都是被优化过的，他们会根据用户的搜索习惯来进行优化。

抖音的搜索框也同样如此，抖音号名字所包含的词搜索的频次越高，那么也

就会有更多曝光的机会。所以，大家要根据目标用户的搜索习惯来取名。总之，你的抖音名字越容易被人搜到，那么你的抖音号曝光的机会就会更大。

2．抖音同步手机通讯录

抖音有一个查看通讯录好友的功能，不知道大家有没有发现。发布作品的时候，抖音会先推荐给你认识的人，这样能帮助你快速冷启动。所以，大家一定要记得绑定自己真实的手机号，而且通讯录里的人越多越好，这样在前期就能通过互相关注自动涨一波熟人粉丝。

3．主动申请抖音官方认证

为什么要让大家申请官方认证呢？主要是认证之后，能提高搜索权重，哪怕你的粉丝不多，你的账号也能出现在最靠前的位置。那么，如何进行抖音官方认证呢？下面笔者就来介绍具体的操作步骤。

步骤01 进入抖音 App 的"我"界面，点击 图标；选择"创作者服务中心"选项，如图 6-3 所示。

步骤02 执行操作后，进入创作者服务中心的相关界面，点击账号名字下方的"去认证"按钮，如图 6-4 所示。

图 6-3 选择"创作者服务中心"选项　　图 6-4 点击"去认证"按钮

步骤03 执行操作后，进入"抖音官方认证"界面，选择要认证的选项，如"职业认证"选项，如图 6-5 所示。

步骤04 执行操作后，进入"职业认证"界面，如图 6-6 所示。运营者只需根据提示设置信息并进行相关操作，即可提交认证申请。通过抖音官方的审核之后，即可完成认证。

图 6-5 选择"职业认证"选项　　图 6-6 "职业认证"界面

4. 作品标题里要含关键词

这里的关键词指的是与目标人群相关的词汇，如果你做的是创业内容，那你的标题就应该带有"创业"这样的词，让抖音知道你这条内容是给谁看的，从而方便系统推送给精准的人群，这样你的作品才会被更多目标人群看到。

5. 冷启动初期要做好引导

作品一发布出来，运营者就要第一时间安排身边的人进行点赞和评论引导，以便后面的人跟风，提高作品的互动率，得到抖音的更多推荐。大家也可以加入一些互赞群，让他人帮你提高互动率。

6. 关注搜索栏的"猜你想搜"

抖音搜索界面有一个"猜你想搜"功能，不细心的朋友可能注意不到。这个功能相当于百度的联想功能，等于间接告诉你用户关心哪些内容。大家一定要经常关注这个功能中的内容，因为这里面的内容是根据搜索的次数进行推荐的，这也意味着你能第一时间知道用户的最新喜好和动向。你在做内容的时候，也会知道什么样的内容更容易获得关注和曝光了。

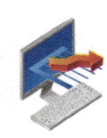

6.3.4 预防作品被抖音关小黑屋的方法

每个人都想让更多人看到自己的作品，但是很多朋友不了解抖音的规则，一上来就发带有广告的视频。可是抖音又怎么可能容忍广告肆意横行呢？所有抖音用户上传的视频都是经过层层审核的，一旦你多次违反社区规定，就会被关小黑屋，你的作品再也得不到抖音的推荐。如何预防作品被抖音关小黑屋呢？你一定要注意以下几点。

1．禁止出现营销和广告信息

不能在个人信息和视频中留有任何联系方式和明显的招揽信息，一旦被抖音监控就会被限制流量。哪怕是你无意中将品牌标志、快递单和外卖订单等信息展示在视频中，只要明显看得见或者听见，都有可能被判定为营销内容。

2．不要频繁修改信息

频繁给他人私信发微信号、频繁通过评论留下微信号和频繁进行搜索等都有可能被抖音识别，然后被限制使用。除此之外，也不要经常更换自己的个人信息，这一点笔者在前面的内容中也提到过。

3．不能搬运其他平台作品

为了鼓励原创并保持抖音的社区生态平衡，抖音一直在严厉打击搬运作品，所以你所上传的短视频必须是原创的。另外，因为每个手机拍摄的作品都有自己专属的ID（Identity Document，身份标识），它就像你的身份证一样是不可窜改的，哪怕你去掉别人作品的水印，ID也是去不掉的，所以最好还是用自己的手机拍短视频。

在这里告诉大家，要尽可能用你玩抖音的手机拍摄作品，千万不要用另外一部手机拍摄，拍摄完后再用玩抖音的手机上传。如果作品不是玩抖音的手机拍摄的，哪怕是你自己拍的，也容易被抖音误判为搬运。

4．不要含有其他平台的水印

很多朋友都用抖音以外的软件制作视频，这样制作的视频上可能会有水印。为了美观和自身利益，抖音是不会帮其他软件打广告的，所以我们在制作视频的时候一定要注意，记得在软件的设置处将水印关闭掉。

以上4点是抖音玩家容易碰到的情况，大家只要注意避免就行。可能有的人觉得抖音的规则非常苛刻，其实这也是为了让大众在刷抖音的时候有一个良好的体验，维持一个对用户有益的平台，提高平台的期望值，这对视频创作者和观看者来说都是一件好事。要是抖音管理不严格，以后就没有人愿意玩抖音了。所以，大家也不用抱怨，只要根据自身的情况调节就好。

6.3.5 录制1分钟视频的方法

大家都知道抖音默认的视频长度为15秒。刚开始只有达到一定要求，才可以获得发布超过15秒视频的权限。但是，现在我们发现能在抖音上发超过15秒视频的朋友越来越多了。他们是怎么做到的呢？在抖音上怎么发1分钟的短视频呢？

刚开始的时候，运营者至少需要1000个粉丝才可以获得发布1分钟视频的权限，但是后来抖音为了扶持vlog这个品类，已经给所有账号默认开通了1分钟的权限。只要你的账号能正常使用，哪怕没有粉丝也可以拍摄1分钟的短视频。

那么，直接用抖音拍摄1分钟的短视频要怎么操作呢？接下来，笔者就来介绍具体的操作步骤。

步骤 01 登录抖音短视频App，点击界面下方的 ➕ 图标，如图6-7所示。

步骤 02 执行操作后，进入"快拍"界面，点击界面下方的"分段拍"按钮，如图6-8所示。

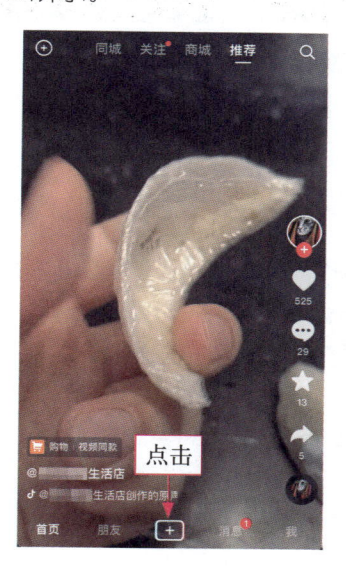

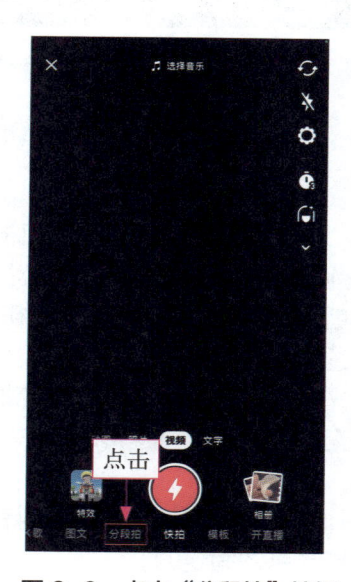

图6-7 点击 ➕ 图标　　　　图6-8 点击"分段拍"按钮

步骤 03 执行操作后，进入"分段拍"界面，点击界面中的"60秒"按钮，如图6-9所示。

步骤 04 执行操作后，点击 ● 图标，如图6-10所示。

步骤 05 执行操作后，会开始拍摄短视频，如图 6-11 所示。等拍摄时间达到 60 秒之后，会自动完成拍摄。接下来，运营者只需要根据系统提示进行操作，即可在抖音平台上发布 1 分钟的短视频。

图 6-9　点击"60 秒"按钮　　　图 6-10　点击 ● 图标　　　图 6-11　开始拍摄短视频

6.3.6　新作品流量触顶的机制

大家发现没有，一个作品火了之后，过一段时间就迅速消退了，直到最后无人问津，这就是抖音的流量触顶机制导致的。

在前面的内容中，笔者曾经说过抖音的作品需要经过人工和机器的双重审核，然后先推荐 300 左右的在线初始人数给你，当作品的互动比达到一定数值后再经过层层叠加推荐进而引爆，也就是所谓的上热门，这通常会给账号带来大量的曝光、互动和粉丝。而这种高推荐的时间，一般不会超过一周。之后，爆款视频乃至整个账号会迅速冷却下来，甚至后续发布的一些作品也很难有较高的推荐量。

为什么会这样呢？这是因为抖音每天的活跃用户量是有限的，也就是说它总的推荐量是基本固定的。

一方面，对精准标签的人群完成推荐之后，系统会将内容推荐给其他非精准标签人群，如果非精准标签人群的反馈效果差，就会停止继续推荐；另一方面，抖音也不希望某个账号迅速在短时间内火起来，需要进行一轮又一轮的考验，看你是否具备再创新和持续输出优质内容的能力。

现在，你了解了为什么作品只能火一阵的原因了吗？最后，引用圈里朋友的一句话："其实有这样一个现实，很多抖音玩家都觉得自己的流量不稳定，都把原因归结于抖音养号机制和机器算法，其实最主要的原因是自己的内容质量不稳定，机器推荐的算法反而是最科学的，只要你的内容做好了，流量自然会找上门来。"

6.3.7 什么样的视频可以投放 DOU +

DOU + 就是一个用来推广抖音号内容的内置功能，它可以帮助大家快速提升抖音短视频和直播的曝光量，也就是抖音的广告投放功能，花钱让抖音帮你做内容推广。

根据官方的说法，使用抖音 DOU + 功能的时候，会将内容展现给用户，按照播放量来扣除投放金额，直到内容达到预计投放效果为止。如果使用 DOU + 功能后，在 48 小时内还未达成预计的效果，系统就会将未消费部分的金额退还到 DOU + 账户里。所以，DOU + 的推广效果自然会有保证，不然官方就赚不到钱了！

DOU + 是抖音官方自己的广告功能，目前起步投放金额是 30 元。你花 30 元可以获得 1500 个推荐播放量，这相当于两分钱一个播放量，比线下发传单的性价比绝对高得多。具体来说，目前 DOU + 投放支持两种定向模式。

模式 1：系统智能投放，系统会智能选择可能对该视频感兴趣的用户或潜在粉丝进行视频展示。

模式 2：自定义定向投放，你能自主选择想要看到视频的用户类型，可以选择性别、年龄、地域、兴趣标签等进行投放，你选择的选项越多，推荐人数就越少，用户的精准度也就越高。

相信大家都比较关心，在什么情况下可以投 DOU +。在这里笔者想告诉大家，只要你发的这个种草作品有销量，你就可以前期先投 30 元 DOU +，再看一下付费转化率，如果佣金收入和 DOU + 成本能够平衡，那么你就可以一直投下去。

只要你不赔钱，哪怕你一分钱不赚都很划算，因为只要有人关注你，你这就相当于在 0 成本买粉丝。这些关注你的用户，只要在抖音上有过购物的体验，那么他们就更习惯在抖音上买东西，对于想赚钱的你来说，他们都是潜在客户。

另外，在投放 DOU + 之前一定要注意，你的内容千万不要太过生硬了，否则不会通过抖音的审核。如果没有通过也不要担心，不合适不代表违规。另外你充值的 DOU + 费用，没有用完的，也将全款退回到你的账户，可以供下一次 DOU + 投放使用。

说了这么多，那如何使用 DOU + 功能呢？接下来，笔者就对具体的操作步骤进行简单说明。

步骤 01 登录抖音短视频 App，打开需要推广的短视频，点击播放界面的 ●●● 按钮，如图 6-12 所示。

步骤 02 执行操作后，界面中将弹出一个对话框，点击对话框中的"上热门"按钮，如图 6-13 所示。

图 6-12　点击 ●●● 按钮　　　　图 6-13　点击"上热门"按钮

步骤 03 执行操作后，进入 DOU + 设置界面。DOU + 有"批量投放"和"单视频"两种，如图 6-14 所示。运营者只需根据需求进行 DOU + 设置，并支付对应的金额，便可使用 DOU + 功能推广作品。

那究竟什么样的内容适合发 DOU + 呢？笔者认为，需要满足以下 3 点。

（1）作品要符合抖音的社区公约。具体内容要求大家可以在社区公约查看，像暴力类、涉黄类、减肥类、医药类内容，在 DOU + 上是无法通过审核的。也就是说，抖音不是什么钱都赚，破坏抖音和谐的内容都不会被允许。

（2）作品是精心制作的。什么意思呢？就是你拍的作品是自己精心准备的，最起码你的作品画质要清晰、内容有看点才可以。

（3）作品推荐初期互动比高。这个比较好理解，就是你的作品发出来，只要账号没有被降权，都会有一个 300 左右的初级播放量，如果你的作品点赞、评论、转发、关注等互动比很高，那这个时候你就可以投放一波 DOU + 了。

在这里给大家说一个笔者的学员投 DOU + 上热门的真实案例。她是一个山东的宝妈，自己做了一个开箱好物的账号。因为自己不懂怎么玩，前期基本没有什么播放量。在买笔者的课程前,她几乎都要放弃了。

图 6-14 DOU +设置界面

后来笔者通过一对一指导,帮她理清了思路。现在她每个作品的点赞量都至少过百,其中有一个视频刚发出来,播放量达到了 2000 以上。她第一时间把后台数据发了过来,笔者看完后果断让她投了 DOU +。

结果简直令人难以置信,总共花了几百块钱,抖音最后给了 500 万以上的播放推荐量,点赞量超过 37 万,而且还有 2000 多人在评论区询问购买链接,单单这款商品就让她在抖音上真正有了收获的感觉。短短半个月的时间,她的粉丝就暴涨到 7 万多,而且时不时就有作品登上热门。第一次上热门对她来说别提有多兴奋了,但自从掌握了投 DOU +的套路后,现在她对上热门已经习以为常了。

最后,笔者要告诉大家,如果你对自己的作品真的有信心,那么投放 DOU +就没有问题,一般也就是花 30 元看看效果如何。如果只是随便拍的作品,而且前期的互动数据也不好,那就不建议你花这个钱了。

6.3.8 粉丝从 0 到 10 万的运营技巧

抖音的流量分配是去中心化的,这种去中心化算法,让每个人都有机会爆红。可是为什么别人玩抖音,刚开始发几个作品就能轻松获得数万点赞,而你自己拍了十几条却一直石沉大海呢?这一定是你不懂背后的运营技巧。接下来,笔者就来给大家讲讲从 0 到 10 万粉丝都有哪些运营技巧。

（1）完善自己的资料，越全越好。包括头像、名字、简介的填写，手机和头条号的绑定，以及个人认证等，总之越详细越好。因为抖音每隔一段时间，就会根据你的资料完善度、行为轨迹以及作品的互动比来进行账号权重评级。评级越高的账号，获得的初始推荐播放量也就越高，你涨粉的机会自然也就会更多。

（2）想清楚人设定位，越清晰越好。人设是你拍摄内容的指北针，你的账号人设越清晰、定位越垂直，你被粉丝记住和喜欢的可能性就会越大，而且你在创作的过程中也不会迷茫。

（3）拍摄内容要能满足用户的基本欲望。人类行为的核心动机不外乎3点：一是追求快乐；二是逃避痛苦；三是渴望认同。所以，拍的短视频一定要符合用户的心理追求。比如，新奇、漂亮的内容会让用户觉得很美好，好玩有趣的内容会让用户笑得前仰后合，在抖音里用户总能找到共鸣和成就感。

（4）重视粉丝互动，把你的粉丝当朋友。你要学会和粉丝打成一片，而不是摆着一副高高在上的样子，更不要把粉丝当成可以任意收割的韭菜。把粉丝当成你的朋友，粉丝不仅会自愿帮你转发、点赞和评论内容，更重要的是在抖音上带粉丝一起玩，才能形成自己的粉丝群，凝聚一帮价值观相同、和你一起成长的兄弟姐妹。这一点笔者深有感触，在笔者的VIP付费指导群里，经常会给大家拆解抖音爆款案例，跟学员就像朋友一样互相交流，大家都非常喜欢这样的氛围，而且还会主动帮忙介绍VIP学员。为什么会这样？因为笔者从来没有端着架子，也没把自己当专家，时间长了就与学员形成了一种和谐稳定的关系。

（5）做好数据运营和分析。除了经常刷热门和研究同行以外，运营者还要对音乐、人设、定位、服装、风格、发布时间、挑战类别进行思考和复盘，只有经过不断地思考和迭代，才能及时调整运营方向，提高内容的播放量和粉丝互动关注比。

（6）一定要坚持高频率更新。想让用户持续关注，一定要保持一定频率的更新，你仔细留意那些几十万和上百万粉丝的账号，他们基本每天更新一个原创视频或者每周更新一个原创视频，而且每一个发出来的作品都是精品。笔者知道，大多数人都有自己的事情，想要坚持下来真的很难。但是，你既然选择了短视频这条路就必须坚持，毕竟做任何事情都是如此，否则你将一事无成。

以上6点，就是将粉丝从0做到10万的技巧，听起来是不是很简单？但是，往往把简单的事一直坚持执行下去才是最难的。只要你按照上面的方法运作下来，就一定会获得超过10万粉丝的抖音号。

第 7 章

吸粉引流：将意向客户引导到私域池

抖音短视频自媒体已经是发展的一个趋势，它的影响力越来越大，用户也越来越多。对于抖音这个聚集大量流量的地方，"抖商"们怎么可能会放弃呢？

本章将通过对抖音快速涨粉、引流和导流技巧的解读，帮助大家更好地将意向客户引至私域流量池。

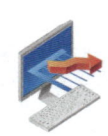

7.1 快速涨粉：核心秘诀就是做爆款短视频

想要在短时间内快速涨粉，其核心秘诀就是做爆款短视频。那要怎么制作爆款短视频呢？下面笔者就来告诉大家制作爆款短视频的 4 个要点。

7.1.1 必须是原创的短视频

相信这一点不用多讲，抖音有查重机制，机器审核环节会对每一个短视频进行逐帧查重。如果你发布的是搬运或者后期简单处理的短视频，那么你的账号就会被抖音打入"冷宫"，甚至会被降权。

抖音平台是鼓励原创的，其实原创也没有大家想象的那么难。哪怕你把抖音正火的作品，内容经过简单修改后再翻拍，这也叫原创啊！而且很多情况下抖音原创作品不火，翻拍的却火了。

7.1.2 善用热门背景音乐

同一个视频，同一天发出来，只是换了个热门的背景音乐，结果一个点赞不到 60 万，另一个点赞超过 890 万！在抖音平台，想要做出爆款，一半看你的视频画面，另一半则看你的背景音乐怎么玩。

在艺术领域有一个名词，叫戏剧性情境中的反差设定，它是指通过具有强烈反差的设定，给人留下深刻的印象。比如，一对年轻的情侣和一对白发的老夫妻在一起，是不是就要比两对年轻的情侣在一起，给人留下的印象更为深刻？所以，事物的反差越大，戏剧性也就越强。想要通过背景音乐快速抓住用户的情绪，你可以采用下面 3 种背景音乐的万能搭配方式。

（1）欢快的视频画面＋悲伤的背景音乐。

（2）倒霉的视频画面＋欢快的背景音乐。

（3）惊险的视频画面＋欢快的背景音乐。

如果在短视频的制作过程中，能赋予视频有灵魂的音乐，让视频内容与背景音乐形成强烈的"反差"，自然就能勾起用户的好奇心。

7.1.3 文案一定要有吸引力

短视频能不能火，标题封面文案和内容文案起到了至关重要的作用。标题文案写得越好，越能引起用户的好奇心或者共鸣，这样用户自然就会观看你的短视频，然后关注你的账号。所以说，掌握了文案的编写策略，短视频会更容易上热门。

比如，对于推销类的短视频，许多用户都是有一些抵触的，如果运营者在文案中只是要用户买买买，那么大部分用户可能会选择直接略过。而有个推销玩具的短视频做得比较好的一点就是，在文案中重点突出该玩具对孩子的吸引力，强调买了该玩具之后，孩子就不会抢家长的手机了。而孩子抢手机正是许多家长比较忧虑的一个问题，因此看到该文案之后，许多用户便被吸引了。

7.1.4 尝试拍真人出镜的短视频

从 2019 年 5 月 1 日起，抖音官方就开始对图文类账号限流了。如果你打算做抖音运营，建议选择真人出镜。因为抖音是一款非常符合商业变现逻辑的社交短视频 App，能不能在抖音上赚钱取决于别人对你的信任感。

在抖音信任感直接与利益挂钩，真人出镜不但能够塑造你的个人 IP，还能提高你的粉丝黏性。同时我们可以通过真人出镜的方式来输出价值，在传递价值观的同时增强用户对你的信任感。这也就是很多真人出镜的新号能在短短几个月的时间积累上百万粉丝的原因了。

可能有的人觉得自己的表现力还不够，不好意思面对镜头。更有甚者说要保持低调，不愿意轻易露脸。每当别人有这样的想法时，笔者就觉得好笑。请问你都没有调，你低什么调？

其实，不愿意出镜的本质问题还是自己害怕受挫，所以才一直处于舒适区，不愿意突破自己。笔者希望，看到这本书的读者，不要给自己设下太多限制。送给大家一个笔者经常用的金句，每次只要遇到不敢挑战的事情，笔者就会对自己说"管他的，豁出去了！"

7.2 抖音引流：爆发式引流的 10 个方法

抖音聚集了大量的短视频信息，同时也聚集了很多流量。对于运营者来说，通过抖音引流，让它为己所用才是关键。本节将介绍 10 个非常简单的抖音引流方法，教你实现粉丝的爆发式增长。

7.2.1 利用抖音 SEO 引流

SEO 是 search engine optimization 的英文缩写，中文译为"搜索引擎优化"。它是指通过对内容的优化获得更多流量，从而实现自身的营销目标。所以，说起 SEO，许多人首先想到的可能就是搜索引擎的优化，如百度平台的 SEO。

其实，SEO 不只是搜索引擎独有的运营策略。抖音平台同样是可以进行 SEO 的。比如，我们可以通过对抖音短视频的内容运营，实现内容霸屏，从而让相关内容获得快速传播。

抖音平台 SEO 的关键就在于视频关键词的选择，而视频关键词的选择又可细分为两个方面，即关键词的确定和使用。

1. 视频关键词的确定

用好关键词的第一步就是确定合适的关键词。通常来说，关键词的确定主要有以下两种方法。

（1）根据内容确定关键词。

什么是合适的关键词？笔者认为，关键词应该与抖音号的定位以及短视频内容相关。否则，用户即便看到了短视频，也会因为内容与关键词不对应而直接略过，而这样一来，选取的关键词也就没有太多的积极意义了。

（2）通过预测选择关键词。

除了根据内容确定关键词之外，运营者还需要学会预测关键词。用户在搜索时所用的关键词可能会呈现阶段性的变化。具体来说，许多关键词都会随着时间的变化而具有不稳定的升降趋势。因此，运营者在选取关键词之前，需要先预测用户搜索的关键词，下面笔者从两个方面分析如何预测关键词。

社会热点新闻是人们关注的重点，当热点新闻出现后，会出现一大波新的关键词，搜索量高的关键词就叫热点关键词。因此，运营者不仅要关注社会新闻，还要会预测热点，抢占有力的时间预测出热点关键词，并将其用于抖音短视频中。下面笔者介绍一些预测热点关键词的方向，如图 7-1 所示。

预测社会热点关键词的方向：
- 从社会现象入手，找少见的社会现象和新闻
- 从用户共鸣入手，找大多数人都有类似状况的新闻
- 从与众不同入手，找特别的社会现象或新闻
- 从用户喜好入手，找大多数人感兴趣的社会新闻

图 7-1 预测社会热点关键词的方向

除此之外，即便搜索同一类物品，用户在不同时间段选取的关键词仍有可能存在一定的差异性。也就是说，用户在关键词的选择上可能会呈现出一定的季节性。因此，运营者需要根据季节性，预测用户搜索时可能会选取的关键词。

值得一提的是，关键词的季节性波动比较稳定，主要体现在季节和节日两个方面。如用户在搜索服装类内容时，可能会直接搜索包含四季名称的关键词，即春装、夏装等；节日关键词会包含节日名称，如春节服装。

季节性的关键词预测还是比较容易的，运营者除了可以从季节和节日名称上

进行预测外，还可以从以下几个方向进行预测，如图 7-2 所示。

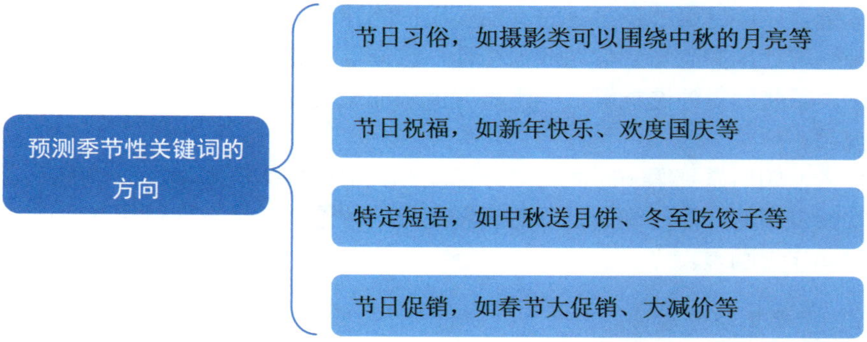

```
                    ┌─ 节日习俗，如摄影类可以围绕中秋的月亮等
                    │
预测季节性关键词的    ├─ 节日祝福，如新年快乐、欢度国庆等
      方向          │
                    ├─ 特定短语，如中秋送月饼、冬至吃饺子等
                    │
                    └─ 节日促销，如春节大促销、大减价等
```

图 7-2　预测季节性关键词的方向

2．视频关键词的使用

在添加关键词之前，运营者可以通过查看朋友圈动态、微博热点等方式，抓取近期的高频词汇，将其作为关键词嵌入抖音短视频中。

需要特别说明的是，运营者统计出近期出现频率较高的关键词后，还需了解关键词的来源，只有这样才能让关键词用得恰当。

除了选择高频词汇之外，运营者还可以通过在抖音号介绍信息和短视频文案中提高关键词使用频率的方式，让内容尽可能与自身业务直接联系起来，从而给用户一种专业的感觉。

7.2.2　抖音评论区引流

许多用户在看抖音视频时，会习惯性地查看评论区的内容。而且，用户如果觉得视频内容比较有趣，还可以通过"@抖音号"的方式，吸引其他用户前来观看。因此，如果运营者的评论区利用得当，便可以起到不错的引流效果。

抖音视频文案中能够呈现的内容相对有限，因此有可能出现一种情况，那就是有的内容需要进行一些补充。此时，运营者便可以通过评论区的自我评论来进一步表达。另外，在短视频刚发布时，可能看到视频的用户不是很多，也不会有太多用户评论。如果此时运营者进行自我评论，也能起到增加视频评论量的作用。

除了自我评价补充信息之外，运营者还可以通过回复评论解答用户的疑问，引导用户的情绪，从而提高商品的销量。

回复抖音评论看似是一件再简单不过的事，实则不然。为什么这么说呢？这主要是因为在进行抖音评论引流时还有一些需要注意的事项，具体内容如下。

1．第一时间回复评论

运营者应该尽可能在第一时间回复用户的评论，这主要有两个好处。一是快速回复能够让用户感觉到你对他很重视，这样自然能增加用户对你和你的抖音号的好感；二是回复评论能够从一定程度上增加短视频的热度，让更多用户看到你的短视频。

那么，如何做到第一时间回复评论呢？其中一种比较简单、有效的方法就是在短视频发布的一段时间内，及时查看用户的评论。一旦发现有新的评论，便在第一时间作出回复。

2．不要重复回复评论

对于相似的问题，或者同一个问题，运营者最好不要重复进行回复，这主要有两个方面的原因。一是运营者回复的内容中或多或少会有一些营销的痕迹，如果重复回复，那么整个评论界面便会看到很多有广告痕迹的内容，而这些内容往往会让用户产生反感情绪。

二是相似的问题，点赞量相对较高的评论会排到靠前位置，运营者只需对点赞量较高的评论进行回复，其他有相似问题的用户自然就能看到。而且这还能减少回复的工作量，从而节省大量的时间。

3．注意规避敏感词汇

对于一些敏感的问题和敏感的词汇，运营者在回复评论时一定要尽可能规避。当然，如果避无可避也可以采取迂回战术，如不对敏感问题进行正面的回答、用一些其他意思相近的词汇或用谐音代替敏感词汇。

7.2.3 账号互推引流

互推就是互相推广的意思。大多数抖音号的运营过程中，都会获得一些粉丝，只是对于许多运营者来说，获得的粉丝量可能并不是很多。此时，运营者便可以通过与其他抖音号进行互推，让更多用户看到你的抖音号，从而提高抖音号的传播范围，让抖音号获得更多的流量。

在抖音平台中，互推的方法有很多，其中比较直接、有效的一种互推方式就是在视频文案中互相@，让用户看到相关视频之后，就能看到互推的账号。

比如，抖音平台中有两个账号经常互相@，再加上其中一个抖音号又是另一个抖音号运营者的亲人运营的，因此，这两个账号之间具有很强的信任度，互推的频率也可以自由把握。所以，这两个账号的互推通常能获得不错的效果。

7.2.4 抖音矩阵引流

抖音矩阵引流就是通过多个账号的运营进行营销推广，从而增强营销的效果，获取稳定的流量池。抖音矩阵可分为两种，一种是个人抖音矩阵，即某个运营者同时运营多个抖音号，组成营销矩阵；另一种是多个具有联系的运营者组成一个矩阵，共同进行营销推广。

7.2.5 抖音私信引流

抖音支持"发信息"功能，一些粉丝可能会通过该功能给用户发信息，运营者可以时不时看一下，并利用私信进行引流。具体来说，当粉丝给你发私信时，运营者可以通过回复私信为自己运营的其他账号进行引流，如图 7-3 所示。当然，运营者也可以主动出击，当提示有新粉丝关注你的账号时，就进行互关，并给新粉丝发送引流信息。

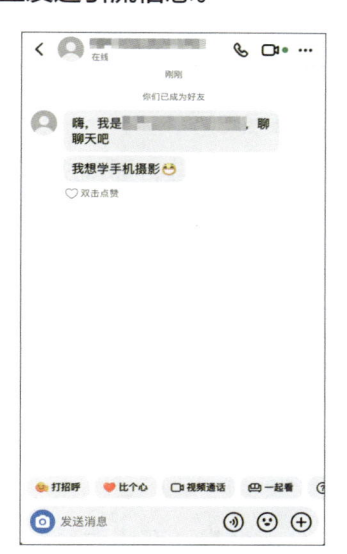

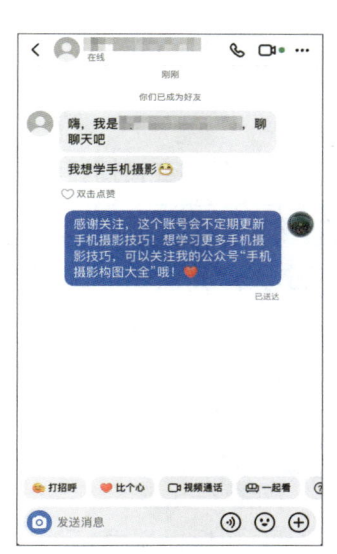

图 7-3　利用抖音私信引流

7.2.6 抖音直播引流

直播对于运营者来说意义重大，一方面，运营者可以通过直播销售商品，获得收益；另一方面，直播也是一种有效的引流方式，只要用户在直播的过程中点击关注，便会自动成为该抖音号的粉丝。

在抖音直播中，用户只需要点击界面左上方账号头像所在的位置，界面中便会弹出一个账号详情对话框；点击对话框中的"关注"按钮，会显示"关注成功"，

如图 7-4 所示。此时，用户通过直播关注抖音号，因此成了该抖音号的粉丝。

图 7-4　通过直播关注抖音号

除此之外，用户在直播界面还有一种更方便的关注方法，那就是直接点击直播界面左上方的"关注"按钮。

7.2.7　分享转发引流

抖音有分享转发功能，运营者可以借助该功能，将抖音短视频分享至对应的平台，从而达到引流的目的。那么，如何借助抖音的分享转发功能引流呢？接下来，笔者就对具体的操作步骤进行说明。

步骤 01　登录抖音短视频 App，进入需要转发的短视频的播放界面，点击图标，如图 7-5 所示。

步骤 02　执行操作后，弹出"分享给朋友"对话框。在该对话框中，运营者可以选择短视频分享的平台。以将短视频分享给微信好友为例，此时运营者需要做的就是点击对话框中的"微信"按钮，如图 7-6 所示。

步骤 03　执行操作后，会弹出一个对话框，点击对话框中的"复制口令发给好友"按钮，如图 7-7 所示。

步骤 04　执行操作后，会自动进入微信 App，然后选择需要转发短视频的对象，如图 7-8 所示。

步骤 05　进入微信聊天界面，长按输入栏，会弹出一个选项框。点击选项框中的"粘贴"按钮，如图 7-9 所示。

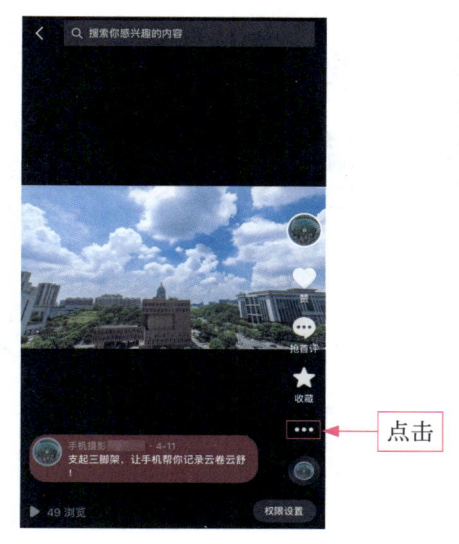

图 7-5　点击●●●图标

图 7-6　点击"微信"按钮

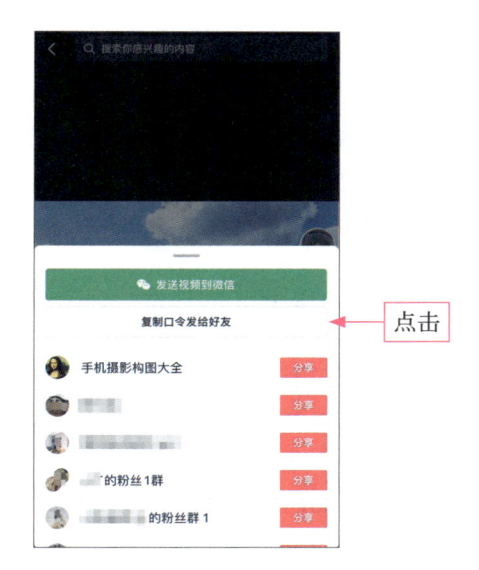

图 7-7　点击"复制口令发给好友"按钮

图 7-8　选择需要分享短视频的对象

步骤 06　执行操作后，输入栏中会出现刚刚复制的短视频口令。当口令出现在输入栏后，点击"发送"按钮，如图 7-10 所示。

步骤 07　执行操作后，聊天界面中便会出现短视频口令，如图 7-11 所示。如果微信好友想要查看该视频，可以复制这条短视频口令。而对于运营者来说，只要用户打开抖音 App 并在搜索框中粘贴该口令，便可增加短视频的流量。

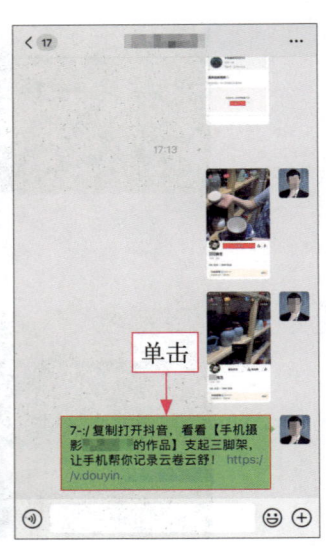

图 7-9　点击"粘贴"按钮　　图 7-10　点击"发送"按钮　　图 7-11　聊天界面中出现短视频口令

7.2.8 跨平台引流

就目前来说，除了那些拥有几百上千万粉丝的抖音达人账号之外，其他只有百十来万粉丝的大号跨平台能力都很弱。这一点从微博粉丝的转化率就能看出来，普遍都是 100：1，也就是说抖音涨 100 万粉丝，微博只能涨 1 万粉丝，跨平台的转化率非常低。

微博是中心化的平台，如今已经很难获得优质粉丝；而抖音则是去中心化的平台，虽然可以快速获得粉丝，但粉丝的实际黏性非常低，转化率还不如直播平台高。其实，直播平台也是去中心化的流量平台，而且可以人为控制流量，同时粉丝黏性也比较高，因此转化到微博的粉丝比例也要更高一些。

抖音号的粉丝超过 50 万即可参与"微博故事红人招募计划"，享受更多专属的涨粉和曝光资源。除了微博引流之外，抖音的内容分享机制也进行了重大调整，故而拥有更好的跨平台引流能力。

此前，将抖音短视频分享到微信和 QQ 平台后，被分享者只能收到被分享的短视频链接。但现在，将作品分享到微信和 QQ 平台，抖音就会自动将该视频保存到本地。保存成功后，抖音界面上会出现一个"继续分享"的分享提示。只要用户点击相应按钮就会自动跳转到微信上，这时只要选择好友即可实现单条视频分享。而被分享的人点开即可观看，不用再手动复制链接到浏览器上观看了。

抖音分享机制的改变，无疑是对微信分享限制的一种突破，此举对抖音的跨平台引流和自身发展都起到了一定的推动作用，如图7-12所示。

- 改善了用户体验：自从抖音直接分享到微信上的视频变成链接无法直接观看后，复杂的操作过程令很多网友望而却步。分享机制改变后，更方便用户与朋友之间的分享
- 再次占据用户时间：用户的时间是有限的，因此观看分享的视频也能抢占用户参与其他活动的时间
- 对广告业务形成趋势性影响：抖音上有广告标识的视频，也可以通过新分享机制以小视频的方式分享给其他用户，帮助品牌扩大影响力
- 加深抖音影响力：目前的微信朋友圈和微信群已被乏味的电商小程序所占据，有趣的抖音视频在这时与之形成鲜明的对比，能吸引更多用户开始使用抖音

图7-12 抖音改变分享机制的作用

> **专家提醒**
>
> 抖音号流量不高有两个方面的原因，一是内容不行，二是受众太窄。比如，一个新注册的抖音号，其视频内容定位为"家装"，这就相当于把那些没买房和没在装修的人群全部过滤掉了，这样账号的受众就会非常窄，流量自然不会高。抖音平台给新号的流量不多，用户一定要合理利用，内容覆盖的受众群越大越好。

7.2.9 线上引流

跨平台引流最重要的就是各种社交平台了，除了微博之外，微信、QQ和各种音乐平台都拥有大量的用户群体，都是抖音引流不能错过的渠道。

1. 微信引流

微信已实现对国内移动互联网用户的大面积覆盖，成为国内最大的移动流量平台之一。下面介绍使用微信为抖音引流的主要方法。

（1）朋友圈引流：用户可以在朋友圈发布抖音上的短视频，同时视频中会显示相应的抖音账号，吸引朋友圈好友的关注。

（2）微信聊天引流：通过微信聊天发布抖音作品，其他用户点击视频后可以直接查看内容，从而增加内容的曝光率。注意发布的时间应尽量与抖音同步，也就是说发完抖音的短视频后马上分享到微信中，但不能太频繁。

（3）公众号引流：公众号也可以定期发布抖音短视频，将公众号中的粉丝引流到抖音平台，从而提高抖音号的曝光率。

2. QQ 引流

作为国内最早的网络通信平台之一，QQ 拥有强大的资源优势和底蕴，以及庞大的用户群，是运营者必须巩固的引流阵地。下面就来介绍 QQ 引流的几种常见方式。

（1）QQ 签名引流：运营者可以自由编辑或修改"签名"的内容，在其中引导 QQ 好友关注抖音号。

（2）QQ 头像和昵称引流：QQ 头像和昵称是 QQ 号的首要流量入口，运营者可以将其设置为抖音号的头像和昵称，以增加抖音号的曝光率。

（3）QQ 空间引流：QQ 空间是运营者可以充分利用进行引流的一个好地方，运营者只需在此发布抖音短视频就能吸引部分好友的关注。注意，要将 QQ 空间权限设置为所有人都可访问，如果不想有垃圾评论，也可以开启评论审核。

（4）QQ 群引流：运营者可以多创建和加入一些与抖音号定位相关的 QQ 群，多与群友进行交流互动，让他们对你产生信任感，此时再发布抖音作品来引流自然就会水到渠成。

3. 音乐平台引流

抖音短视频与音乐是分不开的，因此运营者还可以借助各种音乐平台来给自己的抖音号引流，常用的引流平台有网易云音乐、虾米音乐和酷狗音乐。

以网易云音乐为例，这是一个专注于发现与分享的音乐平台，依托专业音乐人、DJ（disc jockey 的缩写，即打碟工作者）、好友推荐及社交功能，为用户打造全新的音乐生活。

网易云音乐的目标受众是一群有一定音乐素养、较高教育水平、较高收入水平的年轻人，这和抖音的目标受众重合度非常高，因此网易云音乐成了抖音引流的最佳音乐平台之一。

运营者可以利用网易云音乐的音乐社区和评论功能，对自己的抖音号进行宣传和推广。除此之外，运营者还可以利用音乐平台的主页动态进行引流。比如，网易云音乐推出了一个类似微信朋友圈的功能，运营者可以发布歌曲动态，上传照片和发布文字内容，同时还可以发布抖音短视频，直接推广自己的抖音号。

7.2.10 线下引流

除了线上各大平台的引流外，线下平台也是抖音引流不可忽略的渠道。目前，从线下平台引流到抖音主要有3种方式，这一节笔者将分别对其进行解读。

1. 线下拍摄引流

对于拥有实体店的运营者来说，线下拍摄抖音短视频是一种比较简单有效的引流方式。通常来说，线下拍摄可分为两种，一种是运营者及相关人员自行拍摄；另一种是邀请进店的消费者（包括探店达人）进行拍摄。

运营者及相关人员自行拍摄短视频时，能够引发路过人员的好奇心，为店铺引流。短视频上传之后，如果用户对你的内容比较感兴趣，也会选择关注你的账号。

而邀请进店的消费者拍摄，则可以直接增加店铺的宣传渠道，让更多用户看到你的店铺及相关信息，从而达到为店铺和账号引流的目的。

2. 线下转发引流

可能单纯邀请消费者拍摄短视频的效果不是很明显，此时运营者还可以采取另一种策略，那就是在线下的实体店举行转发有优惠的活动，让消费者将拍摄好的短视频转发至微信、QQ等社交平台，从而提高店铺和账号的知名度。

当然，为了提高消费者的转发积极性，运营者可以根据消费者发布的内容的转发量，以及转发后的点赞数给出不同的优惠力度。这样，消费者为了获得更大的优惠力度，自然会更卖力地进行转发，而转发的实际效果也会更好。

3. 线下扫码引流

除了线下拍摄和线下转发之外，还有一种直接增加账号粉丝量的方法，那就是通过线下扫码，让进店的消费者或者路人成为你的粉丝。

当然，在扫码之前，还需有码可扫。对此，运营者可以进入"我"界面，点击 图标，选择"我的二维码"选项，如图7-13所示。操作完成后，进入账号二维码的相关界面，运营者只需点击界面中的"保存"按钮，便可下载抖音号的二维码，如图7-14所示。

抖音号二维码下载完成之后，运营者可以将其打印出来，通过发传单，或者将抖音号二维码放置在店铺显眼位置的方式，让进店的消费者扫码加好友，并关注你的抖音号。

图 7-13　选择"我的二维码"选项　　　图 7-14　点击"保存"按钮

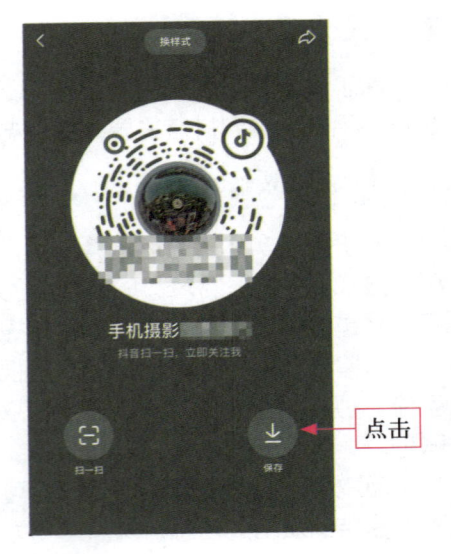

7.3　设定转粉程序：把抖音粉丝转入微信

在抖音等短视频平台上获得大量粉丝之后，接下来就可以把这些粉丝导入微信，将抖音流量沉淀到自己的店铺，从而获取源源不断的精准流量，降低流量获取成本，实现粉丝效益的最大化。

7.3.1　最大化挖掘粉丝价值

运营者要想长期获得精准的流量，就必须不断积累粉丝，将短视频吸引的粉丝导流到微信平台上，把这些精准的用户留在自己的流量池中，并通过不断地导流和转化，让流量池中的水"活"起来，从而降低变现的难度。下面，笔者就来介绍最大化挖掘粉丝价值的几个技巧。

1．获得长久的精准用户

微信不仅有为数众多的用户，而且其消息触达率也非常高。因此，运营者要学会用微信来沉淀流量和维护粉丝。

运营者可以在抖音、快手、今日头条、淘宝以及各种直播平台的个人简介或者内容中展示微信，并且可以通过一定的利益来吸引粉丝添加你的微信，如红包、抽奖、优惠券、赠品或者新品抢购等。

比如，某运营者在今日头条中通过图文、短视频等内容吸引了 22 万粉丝关注，并通过在简介中给出自己的微信公众号和个人微信号来进行导流，同时在微信公众号上开通微店售卖商品来变现。

另外，该运营者还通过微信积极与粉丝互动，如评图交流、每日打卡以及摄影教程赠送等，来增强粉丝的黏性。

运营者通过各种福利做推广，不仅可以引导用户分享，形成裂变传播，而且还能在微信平台上深度沉淀用户，对他们进行二次甚至多次营销，将收获的流量反哺到自己的店铺中，这些精准流量带来的转化率是非常可观的。

因此，打造一个"短视频（引流）→微信（导流）→店铺（变现）"的商业模式，对于运营者来说是必须的，这可以将单个流量的价值成倍放大，获得长久的精准用户。运营者常用的微信吸粉方法主要有 5 种，如图 7-15 所示。

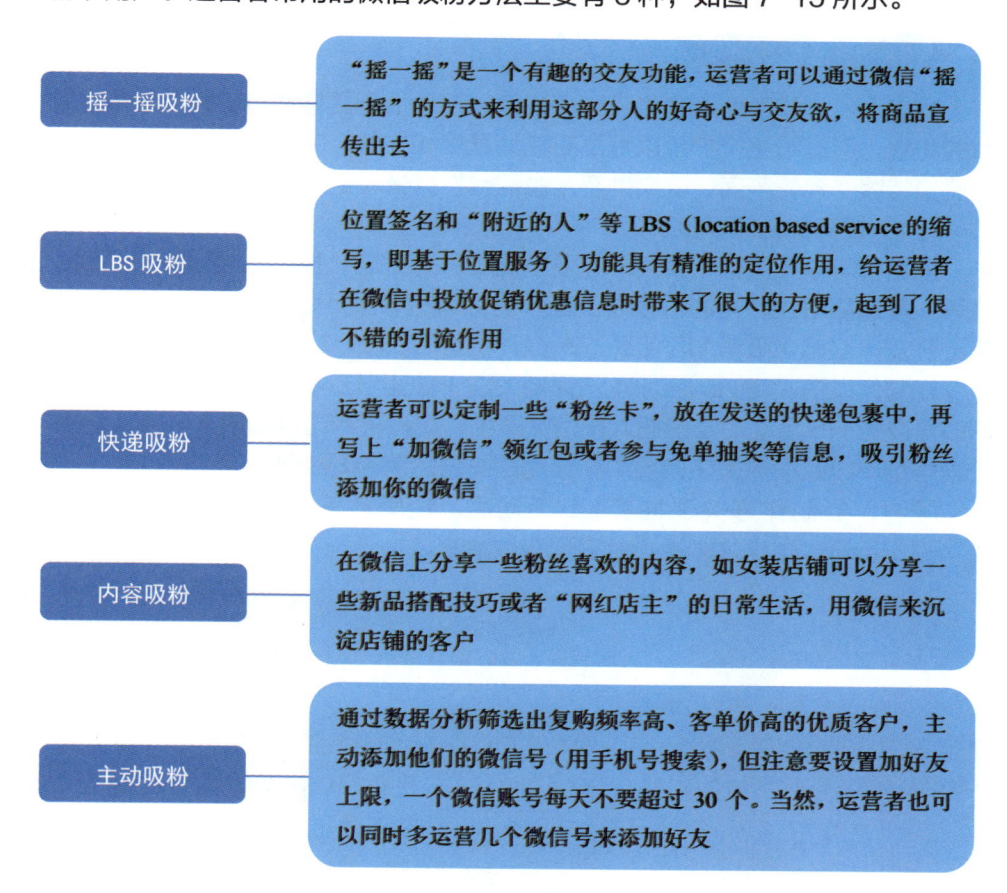

摇一摇吸粉	"摇一摇"是一个有趣的交友功能，运营者可以通过微信"摇一摇"的方式来利用这部分人的好奇心与交友欲，将商品宣传出去
LBS 吸粉	位置签名和"附近的人"等 LBS（location based service 的缩写，即基于位置服务）功能具有精准的定位作用，给运营者在微信中投放促销优惠信息时带来了很大的方便，起到了很不错的引流作用
快递吸粉	运营者可以定制一些"粉丝卡"，放在发送的快递包裹中，再写上"加微信"领红包或者参与免单抽奖等信息，吸引粉丝添加你的微信
内容吸粉	在微信上分享一些粉丝喜欢的内容，如女装店铺可以分享一些新品搭配技巧或者"网红店主"的日常生活，用微信来沉淀店铺的客户
主动吸粉	通过数据分析筛选出复购频率高、客单价高的优质客户，主动添加他们的微信号（用手机号搜索），但注意要设置加好友上限，一个微信账号每天不要超过 30 个。当然，运营者也可以同时多运营几个微信号来添加好友

图 7-15　微信吸粉技巧

第 7 章　吸粉引流：将意向客户引导到私域池

专家提醒

粉丝是实现营销目标的重要支撑,他们是精准营销的重要目标客户群体。从目前来看,在微信的营销生态圈层中,粉丝是不可或缺的组成元素。

基于粉丝的作用,一些运营者盲目重视粉丝的数量,而忽视了粉丝的质量,走入了营销的认识误区。数量与质量不一定成正比,当运营者过于偏向某一方时,就失去了平衡,更何况在微信营销中,粉丝的数量是受限制的,这会严重阻碍你的发展。

2. 微信维护抖音的粉丝

微信不仅能够帮助运营者吸粉,还可以帮助他们更好地维护抖音等短视频平台的粉丝,通过粉丝维护可以提高粉丝活跃度和黏性,实现裂变以及引导转化,让流量持续变现。下面,就来讲解用微信维护抖音粉丝的相关方法。

（1）提高粉丝活跃度。

运营者可以在微信中开发一些营销功能,如签到、抽奖、学习或者在线小游戏等,来提高粉丝参与的积极性。在一些特殊的节假日期间,运营者还可以在微信上开发一些微信吸粉 H5 活动,来提升粉丝活跃度,实现快速拉新。

在制作微信吸粉 H5 活动时,"强制关注 + 抽奖"这两个功能经常会组合使用,同时可以把 H5 活动二维码插入微信文章中,或者将活动链接放入"原文链接"、公众号菜单以及设置关注回复中,让用户关注后就能马上参与活动。

同时,当制作好关注抽奖 H5 活动后,还需要使用一定的运营技巧,如图 7-16 所示,这样才能让粉丝实现有效增长。

抽奖 H5 活动的运营技巧：
- 内部推广：将活动链接发布到公众号文章的"阅读原文"或底部菜单中,提高粉丝的参与热情
- 外部推广：将活动链接发布到朋友圈和其他新媒体渠道的文章中,利用奖品吸引新粉丝关注公众号
- 活动后续：当活动结束后,可以在 H5 后台收集参与活动的粉丝的联系方式,以便及时为他们进行兑奖

图 7-16 抽奖 H5 活动的运营技巧

（2）提高粉丝黏性。

不管是电商、微商还是实体门店，都会将微信和朋友圈作为自己的主要营销平台，可见其有效性是不容置疑的。所以，运营者完全可以借鉴这些有效的方法和平台，在微信公众号或者个人微信朋友圈中发布营销内容，以培养粉丝的忠诚度，激发他们的消费欲望，同时还可以通过一对一的微信私聊解决粉丝的问题，提高粉丝的黏性。

在运营粉丝的过程中，微信内容的安排应该在平台建立之初就有一个大致的定位，并基于其短视频内容定位进行微信内容的安排，也就是需要运营者做好微信平台的内容规划，这是保证粉丝运营顺利进行下去的有效方法。

比如，微信公众号"手机摄影构图大全"就对微信平台的内容进行了前期规划，在公众号简介中进行了清楚呈现，并始终围绕这一定位来发送图文内容，如图 7-17 所示。

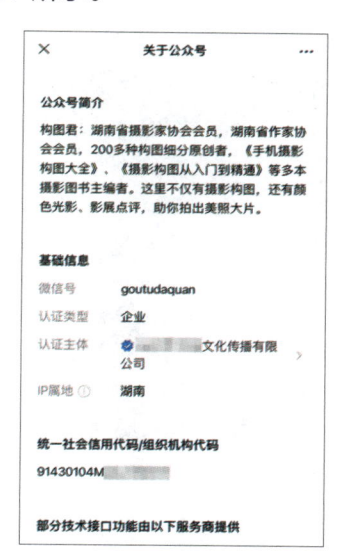

图 7-17 微信平台的整体内容规划

（3）管理维护粉丝。

大部分运营者都会同时运营多个微信号来打造账号矩阵，但随着粉丝数量的不断增加，管理这些微信号和粉丝就成了一个很大的难题，此时运营者可以利用一些电商营销工具来帮忙。

比如，聚客通是一个社交用户管理平台，可以帮助用户盘活微信粉丝，引爆单品，快速提升 DSR（detailed seller ratings 的缩写，即详细的卖家评级）动态评分，具有多元化的裂变和拉新玩法，能助力运营者实现精细化的粉丝管理。

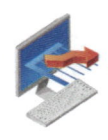

3．打造高转化成交场景

运营者同样也是商人，转化率也是一个非常重要的数据，没有转化，再多的流量也是无效的，因此运营者需要打造高转化的成交场景，其中微信红包就是一种不错的营销工具。

运营者可以在 H5 活动中加入微信红包，并制作成邀请函，这不但可以极大增加对用户的吸引力，还可以让用户得到切实的好处，从而对你产生好印象。

另外，腾讯在微信上推出了一种连接线上线下的活动营销工具，那就是微信卡包，运营者也可以通过这个功能发放会员卡，并更好地向用户推广促销活动，打造线上线下消费闭环，如图 7-18 所示。

图 7-18　微信卡包

微信卡包功能可以与抽奖等互动游戏相结合，将会员卡作为游戏奖品分发给用户。通过这种营销形式，运营者不但可以快速有效且低成本地完成促销活动，同时还能让粉丝获得更多实惠，增加其消费意愿，从而提升店铺转化率。

PC 时代奉行的是"流量为王"，而移动互联网时代的主要特征是"流行即流量"，运营者可以通过短视频、H5 等内容来让商品或品牌变得流行，从而提升它们对用户的影响力和吸引力，形成口口相传的流行氛围，刺激粉丝的消费欲望。

随着今日头条、抖音、微信以及微博等各种社交平台和短视频应用的兴起，运营者获取流量的渠道也越来越多。但是，一旦这些平台打败竞争者，成长为垂直领域的独角兽后，运营者获取流量的成本就会变得非常高。

那么，如何才能低成本获得长久的流量呢？重点就在于老客户的维护，即将在抖音等平台获得的精准流量导流到自己的流量池中，通过营销、管理、维护和转化等，让他们成为自己的忠实粉丝，打造属于自己的私域流量，从而获得长久的效益。

7.3.2 抖音粉丝导流到微信的 4 种方法

抖音是一个十分强大的引流渠道，上一节对抖音粉丝导流到微信的重要性进行了说明，下面将介绍具体的导流方法，帮助运营者实现平台流量的互推。

1. 在账号简介中展现微信号

抖音的账号简介通常是简单明了的，它的主要设置原则是"描述账号 + 引导关注"，基本设置技巧如下：前半句描述账号特点或功能，后半句引导关注微信；账号简介可以用多行文字，但一定要在多行文字的视觉中心出现引导加微信的字眼。

在账号简介中展现微信号是目前最常用的导流方法，而且修改起来也非常方便快捷。但需要注意，不要在其中直接标注"微信"，可以用拼音简写、同音字或其他相关符号来代替，如图 7-19 所示。运营者的原创短视频的播放量越大、曝光率越高，引流的效果也就会越好。

图 7-19　在账号简介中展示微信号

2. 在抖音号中设置微信号

抖音号跟微信号一样，都是其他人能够快速找到你的一串独有的字符。运营者可以将自己的抖音号直接修改为微信号。但是，抖音号只能修改一次，一旦审核通过就不能再进行修改了。所以，运营者修改前一定要想好，这个微信号是不是你最常用的那个。

不过，这种方法有一个非常明显的弊端，那就是运营者的微信号可能会遇到好友数量达到上限的情况，这样就没法通过抖音号进行导流了。因此，笔者建议将抖音号设置为微信公众号，这样可以有效避免这个问题。

3．通过设置关注的人引流

运营者可以创建多个小号（或新号），将它们当作引导号，然后用大号去关注这些小号，通过大号来给小号引流。另外，运营者也可以在大号个人简介中展示小号的抖音号，给小号导流，如图 7-20 所示。

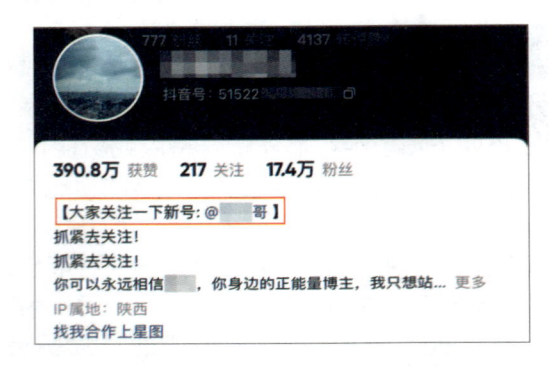

图 7-20　通过账号简介给小号导流

很多运营者可能都是由微商转型来的，在短视频这一块可能会有些"水土不服"，难以变现，此时就只能将抖音流量导流到自己熟悉的领域了。但是，抖音对于这种行为限制得比较厉害，会采取限流甚至封号的处罚。而运营者的大号养起来也非常不容易，此时就只能多借用这些小号来给微信或者公众号导流了，虽然走了一些弯路，但至少能避免很多风险。

4．大号给小号作品点赞引流

很多用户在看到精彩的短视频内容后，不仅会关注发布这个短视频的抖音号，而且出于好奇还会去看这个抖音号喜欢的内容。此时，运营者就可以利用这些粉丝的好奇心，给自己小号中的作品点赞，从而吸引粉丝的关注，然后通过小号用一些比较新奇的方式给微信导流。

这里再次强调，抖音增粉或者微信引流，首先必须把内容做好，通过内容运营来不断巩固个人 IP。只有基于好的内容才能吸引粉丝进来，才能让他们愿意去转发分享，这样你离成功也会越来越近。

第 8 章

直播带货：引导更多用户下单购物

现在越来越多的人开始通过抖音直播来进行带货，虽然直播可以实时与用户进行沟通，更加详细地展示商品，但是开直播的人很多，要想在直播中占据一席之地并不容易。

本章，笔者就为大家重点讲解抖音直播带货的相关知识，帮助大家有效地引导更多用户下单购物。

8.1 主播的培养：将素人打造成带货达人

谁都不是天生的优秀主播，从素人到带货达人需要一个过程。在这个过程中，需要对主播进行培养，提升主播的直播能力。这一节，笔者就来讲解主播的培养方法，帮助直播素人快速成长为带货达人。

8.1.1 提高主播的专业素养

主播要想获得成功，就必须培养 3 个方面的素养，即专业能力、语言能力和心理素质。下面，笔者就来分别讲解这 3 个方面素养的培养方法。

1. 专业能力的培养

要想成为一名具有超高人气的主播，就要具备专业能力。在竞争日益激烈的直播行业，主播只有培育好自身的专业能力，才能在抖音直播这片肥沃的土壤上扎根。下面，就来分别讲解主播的几项专业能力。

（1）个人才艺。

主播应该具备独特的才艺，让用户为之倾倒。才艺的范围十分广泛，包括唱歌、跳舞、乐器表演和书法绘画等。只要你的才艺让用户觉得耳目一新，能够引起他们的兴趣，让他们愿意为你的才艺点赞打赏，那么你的才艺就是有价值的。

在抖音直播平台上，有不计其数的主播，其中大多数主播都拥有自己独特的才艺。才艺越好的主播，人气可能就越高。图 8-1 所示为某主播在表演钢琴弹奏才艺。

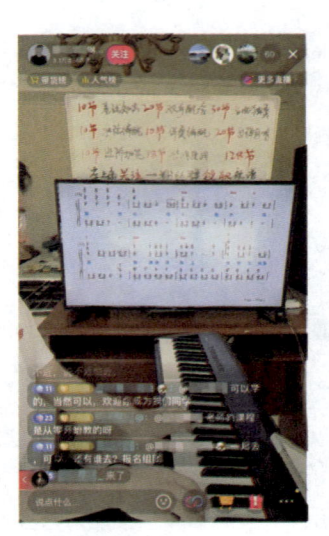

图 8-1　主播表演钢琴弹奏才艺

无论是什么才艺，只要是积极且充满正能量的，并且还能展示自己个性的，就能为主播的成长助一臂之力。

（2）言之有物。

一个主播要想得到粉丝的认可和追随，那么他一定要有清晰且明确的三观，这样说出来的话才会让人信服。如果主播的观点既没有内涵，又没有深度，将难以获得粉丝的长久支持。

那么，应该如何做到言之有物呢？首先，主播应树立正确的价值观，始终保持自己的本心，不空谈、不妄谈；其次，还要掌握相应的语言技巧，主播在直播时必须具备的语言要素包括亲切的问候语、通俗易懂和流行时尚的介绍语等；最后，主播要有自己独到的观点。只有将这三者相结合，才能达到言之有物的境界，从而获得专业能力的提升。

（3）精专一行。

俗话说，"三百六十行，行行出状元"。主播要想成为直播界的状元，就要拥有一门擅长的技能。一个主播的主打特色就是由他的特长支撑起来的。

比如，有的主播乐器弹奏水平很高，于是他专门展示自己的弹奏技能；有的主播书法写得好，于是他直接在直播中展示书法作品的制作过程，如图8-2所示；有的主播天生有一副好嗓子，于是他在直播中分享自己的歌声。

图8-2 主播在直播间展示书法作品的制作过程

主播只要精通一门专业技能，行为谈吐接地气，那么月收入上万也就不是什么难事儿了。当然，主播还要在直播之前做足功课，这样才能将直播有条不紊地进行下去，让直播获得良好的反响。

2. 语言能力的培养

一个优秀的主播没有良好的语言组织能力就如同一名优秀的击剑运动员没有剑，是万万行不通的。要想拥有过人的语言能力，让用户舍不得错过直播的一分一秒，就必须从多个方面来培养。下面笔者将告诉大家如何用语言赢得粉丝的追随和支持。

（1）亲切沟通。

在直播的过程中，与用户的互动是不可或缺的。但是聊天也不可口无遮拦，主播要学会三思而后言。切记不要太过鲁莽、心直口快，以免对用户造成伤害或者引起用户的不悦。

此外，主播还应避免说一些不利于用户形象的话语，在直播中要学会与用户保持一定的距离，玩笑不能开大了，但又要让用户觉得你平易近人、接地气。那么，主播应该从哪些方面进行思考呢？具体来说，主播需要考虑什么该说与不该说，事先要做好哪些准备，以及如何与用户亲切沟通。

（2）选择时机。

良好的语言能力需要主播选对说话的时机，每一个主播在表达自己的见解之前，都必须把握好用户的心理状态。

比如，对方是否愿意接受这个信息？又或者对方是否准备听你讲这个事情？如果主播丝毫不顾及用户心里怎么想，不会把握说话的时机，那么只会事倍功半，甚至是做无用功。但只要选择好了时机，让用户接受你的意见还是很容易的。

打个比方，如果一个主播在向用户推销自己的商品时，承诺给用户一定的折扣，那么用户在这个时候应该会对商品更感兴趣。总之，把握好时机是培养主播语言能力的重要因素之一，只有选对时机，才能让用户接受你的意见。

（3）懂得倾听。

懂得倾听是一个美好的品质，同时也是主播必须具备的素质。和用户聊天谈心，除了会说，还要懂得用心聆听。比如，一名主播的用户评论说他近期的直播有些无聊，没什么有趣的内容，都不知道在说些什么。于是，该主播认真倾听了用户的意见，精心策划了搞笑视频直播，赢得了几十万的点击量，获得了无数用户的好评。

虽然直播从表面上来看是主播占主导，但实际上却是由用户占据主导地位。用户愿意看直播的原因就在于能与自己感兴趣的人进行互动，主播要了解用户关心什么、想要讨论什么话题，就一定要认真倾听用户的心声和反馈。

（4）谦和友好。

主播和用户交流沟通，要谦和一些、友好一些。聊天不是辩论比赛，没必要分出个你高我低，更没有必要因为某句话或某个字眼而争论不休。

如果一个主播想借纠正用户的错误，或者发现用户话语中的漏洞这一举动，来证明自己学识渊博、能言善辩，那么这个主播无疑是失败的。因为他忽略了重要的一点，那就是直播是主播与用户聊天谈心的地方，不是辩论赛场。主播在与用户沟通时的诀窍主要包括理性思考问题、灵活面对窘境和巧妙指出错误。

语言能力优秀与否，与主播的个人素质也是分不开的。因此，在直播中，主播不仅要着力于提升自己的语言能力，同时也要全方面认识自己的缺点与不足，从而更好地为用户提供服务，成长为高人气的专业主播。

（5）理性对待。

在直播中主播可能会遇到个别负能量爆棚，又喜欢怨天尤人的用户，甚至有的用户还会强词夺理说自己的权利遭到了侵犯。面对这种情况，有的脾气暴躁的主播说不定就会按捺不住心中的不满与怒火，将矛头指向用户，并说出不恰当的言辞，这种行为是相当愚蠢的。

作为一名心思细腻、八面玲珑的主播，应该懂得理性对待用户的消极行为和言论。那么，主播要如何理性对待用户的消极行为和言论呢？笔者认为主播可以重点做好3点，即进行善意提醒、明确不对之处和对事不对人。

一名成功的主播，一定有他的过人之处。对用户的宽容大度和正确引导，是主播语言要把握的重点。当然，正确的价值观也会为主播的语言内容增添不少的光彩。

3. 心理素质的培养

直播和传统的节目录制不同，要想让节目达到令观众满意的效果，可以通过后期剪辑来表现笑点和重点，而直播则是实时进行展示的。因此，一个主播要具备良好的现场应变能力和丰富的专业知识。

一个能够吸引众多用户的主播，仅仅靠颜值、才艺和口才是不够的。直播是一场无法重来的真人秀，就跟生活一样，没有彩排。在直播的过程中，万一发生了什么意外，主播一定得具备良好的心理素质，才能应对好一系列突发事件，例如以下几种情况。

（1）信号中断。

信号中断的情况，通常在借助手机做户外直播时发生。信号不稳定是十分常见的事情，有的时候主播甚至还会面临长时间没有信号的情况。在直播过程中，如果只能看到评论区的变化，而直播画面却一直显示"加载中"，就说明主播的信号不太稳定，或者主播的信号已经中断了。

面对这样的情况，主播应该平稳心态，先试试变换下地点是否会连接到信号，如果不行，就耐心等待。因为也许有的忠实用户会一直等候直播开播，所以主播

要做好向用户道歉的准备，再利用一些新鲜的内容活跃气氛，从而再次吸引用户的关注。

（2）意外情况。

各种各样的意外情况在直播现场是不可避免的。当发生意外情况时，主播一定要稳住心态，让自己冷静下来，打好圆场，给自己找台阶下。

比如，某歌唱节目在总决赛直播时，某位歌手突然宣布退赛。此消息一出，现场的所有人和守在电视机前的观众都大吃一惊。而该节目的主持人则不慌不忙地对此事作了十分冷静的处理，他请求观众给他5分钟时间，将自己对这个突发事件的看法进行客观、公正的评价，这种冷静处理让相关工作人员有了充分的时间来应对此事件。而这个事件过后，该主持人的救场也赢得了无数观众的敬佩和赞赏。

节目主持人和主播有很多相似之处，主播一定程度上也是主持人。在直播过程中，主播也要学会把节目流程控制在自己手中，特别是面对各种突发事件时，要保持冷静。对此，主播可以多多向这位主持人学习，通过直播实践来锻炼自己。

8.1.2 打造专属的直播间

打造专属于自己的直播间的主播，往往更容易从直播行业脱颖而出。那么，在抖音直播中如何打造专属的直播间呢？笔者认为可以从4个方面进行考虑，具体内容如下。

1．用好特色装饰

主播可以通过直播间的特色装饰来打造个人直播特色，塑造专属的直播间。直播间的特色装饰有很多，既包括主播后面的背景，也包括直播间画面中的各种设置。相对于主播后面的背景，直播间画面中的相关设置通常要容易操作一些。具体来说，主播可以通过如下操作在直播间添加贴纸。

步骤01 进入抖音直播界面，点击 图标，如图8-3所示。

步骤02 执行操作后，会弹出"装饰美化"对话框，点击对话框中的"贴纸"按钮，如图8-4所示。

步骤03 执行操作后，会弹出贴纸对话框，主播可以使用文字贴纸和图片贴纸。以图片贴纸的使用为例，主播需要点击"图片贴纸"按钮，如图8-5所示。

步骤04 执行操作后，选择需要的贴纸样式，如图8-6所示。

步骤05 执行操作后，直播界面中会出现贴纸，如图8-7所示。

步骤06 将贴纸拖动至合适的位置，避免贴纸遮挡主播的脸，如图8-8所示。

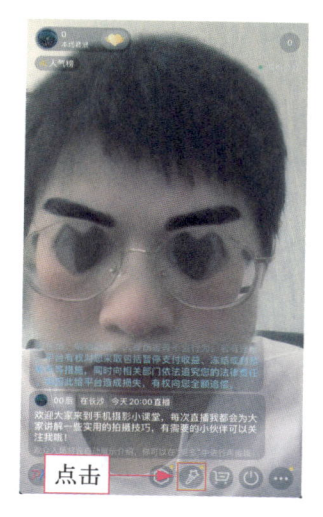

第 8 章 直播带货：引导更多用户下单购物

图 8-3　点击 🔧 图标

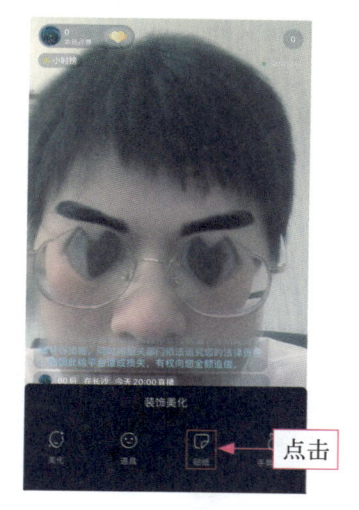

图 8-4　点击"贴纸"按钮

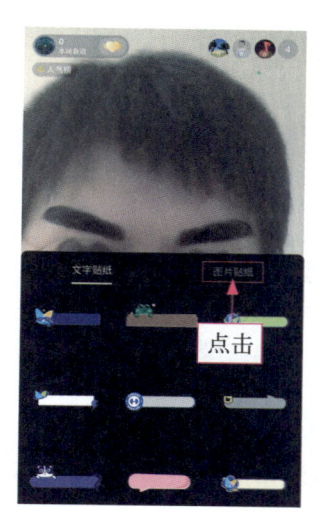

图 8-5　点击"图片贴纸"按钮

图 8-6　选择贴纸样式

2. 留下个人口头禅

口头禅是人的一种标志，因为口头禅出现的次数比较多，再加上在他人听来通常具有一定的特色，所以，听到某人的口头禅之后，我们很容易便能记住这个人，并且在听到其他人说他的口头禅时，我们也会想到将这句话作为口头禅在我们心中留下深刻印象的人。在抖音直播中，一些具有代表性的头部账号的主播往往都有令人印象深刻的口头禅。

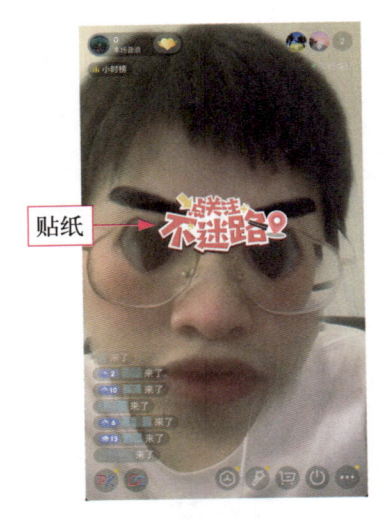

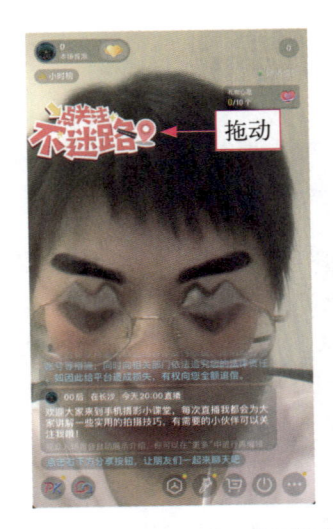

图 8-7　直播界面出现贴纸　　　　图 8-8　将贴纸拖动至合适的位置

无论是抖音短视频，还是直播，出镜者的口头禅都会给人留下深刻的印象，甚至当用户关注了某个主播一段时间之后，当听到该主播在直播中说口头禅时，都会觉得特别亲切。

3．打造独特造型

我们在第一次看一个人时，除了看他的长相和身材之外，还会重点关注他的穿着，或者说造型。所以，当主播以独特的造型面对用户时，能很快让用户记住。

比如，有两个主播便是以《西游记》中孙悟空、猪八戒的造型来进行直播的。当我们看到这两个直播之后，很容易便会被主播的造型吸引，并对他们的造型留下深刻的印象。

当然，这里也不是要大家故意做一些造型去哗众取宠，而是要在合理的范围内，以大多数用户可以接受的、具有一定特色的造型来做直播，争取用造型来给自己的直播加分。

4．树立主播的人设

各短视频和直播平台上的头部网红之所以能被广大用户记住，关键就在于这些网红都有属于自己的人设。那么，我们将如何打造人设，增加人设的魅力，更好地开启主播的网红之路呢？下面，笔者就来重点讲解树立主播人设的方法。

（1）确定类型。

大众对于陌生人的初次印象往往是不够突出、具体的，而且还存在一定的差异性。大部分人对陌生人的印象，基本处于一个模糊的状态。

其实，个人所表现出的形象、气质，完全可以通过人设的经营来进行改变。比如，可以通过改变人物的发型，塑造出和原先不同的视觉效果，使用户产生新的人物形象记忆，从而有利于人设的改变。

在人际交往之中，通过利用主观和客观的信息来塑造人设，以达到预期的传播效果，实现人设的经营。人设经营，可以说是在他人看法、态度和意见的总结之上不断地进行调整和改进的，也是一种在社会上生存的手段。

学会打造出独特的人物设定，可以使主播拥有与众不同的新颖点，使其在人群中脱颖而出。此外，对外输出效果的好坏，会直接决定人设经营是否成功。而要打造出独特的人物设定，首先要做的就是选择合适的人设类型。

需要格外注意的是，主播在塑造自己的人设时，应该以自身的性格为核心，再向四周深化，这样便于之后的人设经营，同时也能增加用户对于人设的信任度。确定好人设类型后，主播还要进一步考虑自己的人设是否独特别致。

对于想从事直播销售的新人主播来说，前面已经有一批成熟的销售主播，这时主播想要从中脱颖而出，需要耗费一定的精力和时间。

主播可以考虑在那些还没有人使用的人设类型里，找到适合自己的人设标签，继而创造出自己独一无二的人设。虽然这种人设比较少见，但是对于新人主播来说，完全可以利用这个鲜明独特的人设，来树立起自己的主播形象。

（2）对标红人。

人格魅力的产生，很大程度上源于用户对主播的外貌、穿衣打扮的一个固有形象的印象，以及主播在直播间表现的性格。一个精准的主播人设，可以拓展直播的受众面，吸引到感兴趣的用户。

精准的人设，就是说到某一行业或内容时，用户就能想到具体的人物。而主播要做的就是在学习他人成功经验的基础上，树立自己的精准人设，让自己成为这类人设标签里的红人。

比如，一个男主播要想成为口红带货的头部主播，可以先参照"口红一哥"的成功经验进行直播，并在直播中树立起自己的独特人设（如站在用户的角度思考问题，树立只为用户推荐高性价比口红的真诚主播形象），通过持续直播让自己慢慢成为口红直播行业中的红人。

（3）设定标签。

一个人一旦有了一定的影响力就会被所关注的人贴上一些标签，这些标签就可以组合成一个虚拟的"人"。当提到某个标签时，许多人可能会想到一些东西，这并非只是想到一个单纯的名字，而是某人带给他的印象，比如严谨、活泼、可爱和高冷等标签。

主播也可以试着把这些人设标签体现在主播名称和直播标题中。这样，一旦有人在直播搜索栏中搜索相关的标签，就有可能搜索到你。

树立人设的一个关键作用就是让主播与其他主播区分开，所以主播在选择人设标签的时候，必须要有区别于他人的个性特征。同时，要选择便于用户进行搜索、区分的人设。

通过细分人设，达到主播人设类型多样性，可以减轻主播之间的竞争力度。

下面向各位读者介绍几种主播人设类型，帮助读者了解不同人设的特点、风格，从而更好地寻找有特色的人设标签。

① 人美声甜的"邻家小妹"。

这种人设的主播，一般外形很可爱、声音悦耳，表现出来的感觉是比较活泼可爱。如果从事男装直播销售，这种人设能够更加吸引用户的关注。

这类主播在塑造自己的人设时，大致有两种表现方法，一种是在直播时，通过发型、饰品来巩固自己的人设类型。比如，主播利用草帽、发带这种饰品就可以体现出自己的人设风格。

另一种主播展现人设形象的方式就简单一些，由于她们本身的形象就非常贴近邻家的风格，所以在直播的时候，只需简单扎个马尾或丸子头就可以体现出自己的人设形象。

② 专业暖心的"大姐姐"。

这种人设的主播通常都具有一定的专业性，能够给观看直播的用户提供一些有用的建议。同时，她们往往会从为用户考虑的角度进行商品的推荐，让人看上去觉得主播就是一个暖心的"大姐姐"。

观看直播的用户中有80%以上都是女性，因此主播要学会抓住女性的兴趣和目光，获得她们的信任。这种拥有大量时间去观看直播的女性用户，不仅具有强烈的购买需求，而且具备一定的购买能力。观看直播的女性群体主要有两大群体，如图8-9所示。

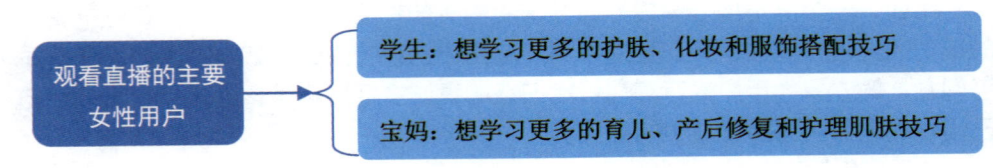

观看直播的主要女性用户
- 学生：想学习更多的护肤、化妆和服饰搭配技巧
- 宝妈：想学习更多的育儿、产后修复和护理肌肤技巧

图8-9 观看直播的主要女性用户群体

这两类人群都希望有一个专业的人来指导她们。而专业暖心的"大姐姐"人设，就可以解决她们的疑惑，满足她们的心理需求，让她们可以放心地购买商品。

8.1.3　掌握直播表达技巧

同样是做抖音直播，有的主播一场直播可以带货上千万，有的主播却一场直播卖不出几件商品。之所以会出现这种差异，其中一个重要原因就是营销表达技巧的差异。下面，笔者就来讲解直播带货的 6 种表达技巧，帮助主播提高带货表达能力。

1．欢迎用户

当有用户进入直播间时，直播的评论区会有提示。主播在看到进直播间的用户之后，可以对其表示欢迎。

当然，为了避免欢迎表达方式过于单一，主播可以在一定的分析之后，根据自身和观看直播的用户的特色来制定具体的表达语言。具体来说，欢迎用户的常见表达方式主要包括以下 4 种。

（1）结合自身特色。如："欢迎×××来到我的直播间，希望您能从我的直播间学到办公软件的一些操作技巧！"

（2）根据用户的名字。如："欢迎×××的到来，从名字可以看得出你很喜欢吃×××。真巧，我也喜欢吃！"

（3）根据用户的账号等级。如："欢迎×××进入直播间，哇，这么高的等级，看来是一位大佬了，求守护呀！"

（4）表达对忠实粉丝的欢迎。如："欢迎×××回到我的直播间，差不多每场直播都能看到你，感谢一直以来的支持呀！"

2．感谢用户

当用户在直播中购买商品，或者给你刷礼物，支持你时，主播可以通过一些话语对用户表示感谢。

（1）对购买商品的感谢。如："谢谢大家的支持，×××不到 1 小时就卖出了 500 件，大家太给力了，爱你们哦！"

（2）对刷礼物的感谢。如："感谢×××哥的嘉年华，这一下就让对方失去了战斗力，估计以后他都不敢找我 PK 了。×××哥太厉害了，给你比心！"

3．主动提问

在直播间向用户提问时，主播要使用更能调动用户积极性的话语。对此，笔者认为，主播可以从两个方面进行思考，具体内容如下。

（1）提供多个选择项，让用户自行选择。如："接下来，大家是想听我唱歌，还是想看我跳舞呢？"

（2）提高用户的参与度。如："大家想看哪件商品，可以在评论区打出对应的序号哦！我看哪件商品更受欢迎！"

4. 引导用户

主播要懂得引导用户，让用户为你助力。对此，主播可以用不同的表达方式对用户进行引导，具体内容如下。

（1）引导购买。如："天啊！果然好东西都很受欢迎，半个小时不到，×××已经只剩下不到一半的库存了，要买的宝宝抓紧时间下单哦！"

（2）引导刷礼物。如："我被对方超过了，大家给给力，让对方看看我们的真正的实力！"

（3）引导直播氛围。如："咦！是我的手机信号断了吗？怎么我的直播评论区一直都没有出现变化呢？喂！大家听不听得到我的声音呀，麻烦听到的宝宝请在评论区扣个1。"

5. 答疑解惑

了解了直播间的模板以及直播表达技巧的方法之后，笔者将针对直播间用户经常问及的一些问题进行解答示范，这样可以更好地帮助主播应对直播间的提问，确保抖音直播带货能正常进行，具体内容如下。

（1）商品是否适用。

用户常问的一类问题是："我的体重是×××kg，身高是×××cm，这个商品我用（穿）合适吗？""×××号链接（的商品），×××斤左右可以穿吗？"或者"×××斤，要穿哪个尺码的？"

对于这类问题，主播可以根据用户提供的具体身高体重信息，给予合理意见；或者将当前商品的尺码与标准尺码进行对比，再作出推荐。如果销售的商品是标准码，可以让用户直接选择平时穿的尺码。当然，主播也可以在直播间展示商品的标准尺码推荐参考表，给用户提供一个参照。这样一来，当用户询问这一类问题时，主播直接让用户查看尺码参考表就可以了。

（2）主播自身情况。

用户常问的第二类问题是主播的身高以及体重等信息。部分主播会在抖音直播间，展示主播的身高以及体重等信息。但是，有的用户可能没有注意到，此时主播可以直接回复用户，并且提醒用户看直播间中的主播信息。

（3）商品能否试用。

许多用户经常会在短视频直播中询问："×××号宝贝可以试一下吗？"用户之所以会问这一类问题，很可能是因为用户在观看直播时，对该商品产生了兴趣，需要主播进行试用，所以提出了试用的要求。主播在面对这类提问时，可以运用一定的表达技巧对用户的问题进行回答，并及时安排试用或试穿商品。

比如，在某服装类销售抖音直播中，部分粉丝要求主播试穿 20 号商品。因此，主播在看到用户的要求之后，马上说道："好的，等下给大家试试 20 号。"并在展示完一套衣服之后，便快速换上了购物车中的 20 号商品，将商品的试穿效果展示给用户看。

（4）×××号宝贝的价格。

用户之所以会问这个问题，主要就是因为他没有看商品详情，或者是没有找到商品详情页面。对于这个问题，主播可以直接告知商品的价格，或者告诉用户如何找到商品详情页面。

（5）质问主播不理会。

有时候用户会问主播，为什么不理人，或者责怪主播没有理会他。这个时候主播需要安抚该用户的情绪，可以回复说没有不理，只是因为消息太多，没有看到。主播需要明白，如果没有做好安抚工作，可能会失去这个用户。

6．下播提醒

每场直播都有下播的时候，当直播即将结束时，主播应该通过下播提醒向用户传达信号。那么，如何向用户传达下播信号呢？主播可以重点从 3 个方面进行考虑，具体如下。

（1）感谢陪伴。如："直播马上就要结束了，感谢大家在百忙之中抽出宝贵的时间来看我的直播。你们就是我直播的动力，是大家的支持让我一直坚持到了现在。期待下次直播还能看到大家！"

（2）直播预告。如："这次的直播马上要接近尾声了，愉快的时光过得就是快，还没和大家玩够就要说再见了。喜欢我的朋友可以在明晚 8 点进入我的直播间，到时候我们再一起玩呀！"

（3）表示祝福。如："时间不早了，我要下班了。大家好好休息，做个好梦，我们来日再聚！"

8.2　带货技巧：让更多人购买你的商品

大多数主播做抖音直播的主要目的，就是通过带货卖货来获得收益。那么，如何提高目标用户的购买欲，增加直播间的销量和销售额呢？这一节，笔者就来为大家介绍直播带货的实用方法。

8.2.1　进行直播预热

在正式开启抖音直播之前，主播可以通过一些预热工作为直播造势，吸引更

多用户及时查看你的直播。

比如，在正式进行直播之前，主播可以先通过短视频进行直播预告，让用户了解直播的时间和关键内容，如图 8-10 所示。

图 8-10　通过短视频进行直播预告

这样，用户在看到短视频之后，便会马上明白你要进行直播了，而且如果对直播内容感兴趣，还会及时查看你的直播。

8.2.2　熟悉带货五步法

直播带货的 5 个步骤，可以帮助新人主播更好地提高直播时的成交率。

1．取得用户信任

抖音中的直播很多，为什么用户会选择在你的直播间购买商品呢？那是因为用户信任你。所以在直播带货的沟通过程中，我们需要建立与用户之间的信任关系。具体来说，主播可以从以下几点获得更多用户的信任。

（1）维持老客户的复购率。

经营服务好老客户，给予优惠福利，调动这部分用户的购买积极性，借助老客户来挖掘更多潜在的客户。

（2）提供详细全面的商品信息。

如果在直播中你介绍得不够详细、全面，用户可能会因为对商品了解不够而放弃下单。所以，在直播带货的过程中，主播要从用户的角度对商品进行全面、详细的介绍，必要时可以利用认知对比原理，将自身商品与其他店家的商品进行比较。比如，在手提包的销售直播中，可以将正品与市场上的水货进行比较，向用户展示自身商品的优势，让用户在对比中提高对商品的认知。

（3）提供可靠的交易环境。

在直播交易中，商家提供的交易方式也会影响用户的信任度，一个安全可靠的交易平台会让用户在购买时更放心，所以主播需要向用户确保你们的交易是安全可靠的，不会出现欺诈、信息泄露等情况。

（4）进行有效的交流沟通。

在直播时主播应该认真倾听用户的提问，并进行有效的交流和解答。如果在沟通过程中，用户对商品的提问被主播忽视了，用户就会产生不被尊重的感觉。所以，主播在进行直播带货时，需要给予用户适当的回应，以表示对用户的尊重。对此，主播可以聘用小助手，负责直播的答疑。小助手可以任用多名进行分工合作，这样更有利于直播间的有序管理。

（5）建立完善的售后服务。

完善的售后服务可以为企业建立更好的口碑，同时也是影响用户信任度的因素。用户购买完商品后，可能会遇到一些问题，作为商家代表的主播应该及时处理，避免影响用户的购物体验和信任度。

2．商品价值展示

决定用户购买商品的因素，除了信任还有商品的价值，如图 8-11 所示。

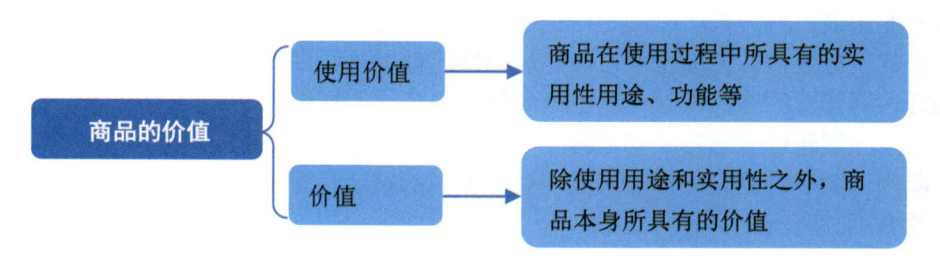

图 8-11　商品的价值

商品的价值展示可分为两个部分，一为基础价值，即商品的选材、外形、功能、配件、构造和工艺等；二为独特价值，即展示商品的独特性、稀缺性、优势性和利益性。在直播中我们主要进行的就是品牌价值的展示。

（1）商品的独特性。

商品的独特性可以从商品的设计、造型考虑，商品的设计可以是商品的取材，比如某化妆品中包含 Pitera™（一种半乳糖酵母样菌发酵产物滤液），并且

声明这样的透明液体可以明显地改善肌肤表皮层代谢过程，让女性肌肤保持晶莹剔透，这就是商品价值的独特性。

商品的独特性可以让该商品区别于其他同类商品。当然在直播带货中，商品独特性的展示必须要紧抓用户的购买需求。比如，某化妆品的功效是改善女性肌肤表皮，主播在直播时就可以紧紧围绕女性想要改善肌肤的需求来进行独特性的展示。

（2）商品的稀缺性。

商品的稀缺性体现在市场上供应量小，或者供不应求。对于这样的商品，主播可以重点做好数据的搜集，让用户明白能买到该商品的机会不多。这样一来，用户为了获得商品，就会更愿意在直播间下单。

（3）商品的优势性。

商品的优势性可以是商品的先进技术优势，这主要体现在研发创新上。比如，在手机或其他电子商品的直播中，可以借助商品的技术创新进行价值展示，甚至可以刷新用户认知的商品特点，给用户制造惊喜。

除此之外，主播还可以从商品的造型优势上出发，比如手提包的直播，小型手提包强调轻巧便捷；中等型号的手提包强调适合放置手机以及钱包、口红，并具有外形独特、百搭、适合拍照等特点；较大型的手提包可以强调容量大，可放置化妆品、雨伞，并且适合短期旅行。这些都是从不同商品的特点出发，展现出不同的优势。

（4）商品的利益性。

商品的利益性是指商品与用户之间的利益关系，商品的利益价值展示需站在用户的角度进行分析。比如，在进行家电直播时，主播可以强调商品给用户生活带来的便捷之处。无论是哪方面的价值展示都是基于商品本身的价值使用户获得更好、更舒适的生活体验，这也是商品价值展示的基础。

以上展示价值的方法都是基于商品本身的特点所营造的。除此之外，主播还可以通过赋予商品额外价值来实现商品价值的展示，赋予商品额外价值的方法，如图 8-12 所示。

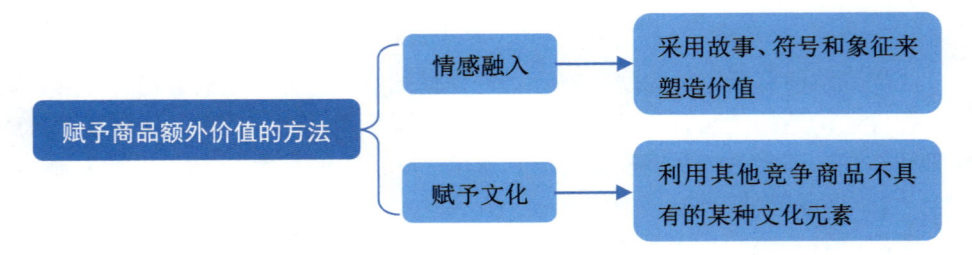

图 8-12　赋予商品额外价值的方法

3. 了解用户需求

在直播带货中，用户的需求是购买商品的重要因素。需求分为两大类，一类是直接需求，比如用户需要哪种类型的商品，这就是直接需求。

另一类则是间接需求，这类需求分为两种，一种是潜在需求，主播在带货过程中可以引导用户的潜在需求，从而激发用户的购买欲望，潜在需求可能是用户没有明确表明的，或者是语言上不能表达清楚的；另一种是外力引起的需求，由于环境等其他外力因素促使用户产生的需求。

在进行带货的过程中，主播不能只停留于用户的直接需求，而应该挖掘用户的间接需求。如何了解用户的间接需求呢？笔者认为可以从以下角度出发。

（1）客观思考分析用户的表达。

当用户通过弹幕在直播间提问时，主播需要客观分析用户的言语，去思考用户真正需要的商品。可能用户本身也不清楚自己所需要的商品，此时主播就可以通过直播进行引导。

（2）选择与用户相符合的商品。

每件商品都有针对的用户群体，你推荐的商品与用户相匹配，就能引起用户的共鸣，满足用户的需求。比如，高端品牌的抖音直播，要符合高消费人群的喜好，这类用户在购物时可能更注重商品的设计感和时尚感，对于价格则不太重视。因此，主播可以在把握这类群体的心理特征之上，重点分析和讲述商品。

4. 根据需求推荐

了解了用户的需求之后，便可以根据用户的需求推荐商品了。当直播弹幕中表达需求的用户比较少时，主播甚至可以进一步询问用户对商品的具体要求，比如用户是否对材质、颜色和价格等有要求。

确定了用户的具体需求之后，主播还可以通过直播向用户展示商品的使用效果，并对商品的细节设计进行说明，让用户更好地看到商品的优势，从而提高用户的购买欲望。

5. 促使用户下单

根据需求推荐商品之后，主播可以通过限时和限量销售来营造紧迫感，让用户产生抢购心理，促使用户下单。

（1）通过限时营造紧迫感。

主播可以制造时间上的紧迫感，比如进行商品的限时抢购、限时促销等。通常来说，这类商品的价格相对比较实惠，所以往往也能获得较高的销量。

除此之外，主播还可以通过直播标题制造时间上的紧迫感。比如，可以将"限

时抢购"等词汇直接写进直播标题里。

（2）通过限量营造紧迫感。

主播可以限量为用户提供优惠，限量的商品通常也是限时抢购的商品，但是也有可能是限量款，还有可能是清仓断码款。因为这类商品的库存比较有限，所以对商品有需求的用户，会快速下定购买决心。

8.2.3 掌握常见的卖货技巧

在进行抖音直播带货的过程中，主播还得掌握一些实用的带货技巧。下面，笔者就重点为大家介绍 8 种抖音直播带货技巧，帮助大家快速提高直播间的转化率。

1. 利用卖点提高销量

商品卖点可以理解成商品的优势、优点或特点，也可以理解为自家商品和他人商品的不同之处。怎样让用户选择你的商品？和他人的商品相比，你的商品的竞争力和优势在哪里？这些都是主播直播卖货过程中要重点考虑的问题。

在观看直播的过程中，用户或多或少会关注商品的某几个点，并在心理上认同该商品的价值。在这个可以达成交易的时机，促使用户产生购买行为的，就是商品的核心卖点。找到商品的卖点，便可以让用户更好地接受商品，并且认可商品的价值和效用，从而达到提高商品销量的目的。

因此，对于主播来说，找到商品的卖点，不断地进行强化和推广，通过快捷、高效的方式，将找出的卖点传递给目标用户是非常重要的。

主播在直播间销售商品时，要想让自己销售的商品有不错的成交率，就需要满足目标用户的需求点，而满足目标用户的需求点是需要通过挖掘卖点来实现的。

但是，如果满足目标用户需求的商品在与其他商品的对比中体现不出优势，那商品卖点也就不能称之为卖点了。要想使商品的价值更好地呈现出来，主播需要学会从不同的角度来挖掘商品的卖点。下面，笔者就为大家介绍一些挖掘商品卖点的方法。

（1）结合当今流行趋势挖掘卖点。

流行趋势就代表着有一群人在追随这种趋势。主播在挖掘服装的卖点时，就可以结合当前流行趋势，这也一直是各个商家惯用的营销手法。

比如，当市面上大规模流行莫兰迪色系的时候，在服装的介绍宣传上就可以通过"莫兰迪色系"这个标签吸引用户的关注；当夏天快要来临，女性想展现身材的时候，销售连衣裙的主播就可以将穿上之后更显身材作为卖点。

（2）从服装的质量角度挖掘卖点。

商品质量是用户购买商品时的一个关注重点。大部分人购买商品时，都会考虑将商品的质量作为重要的参考要素。所以，主播在直播带货时，可以重点从商品的质量方面挖掘卖点。比如，主播在挖掘服装的卖点时，可以将商家标明的质量卖点作为直播的重点内容，向用户进行详细的说明。

（3）借助名人效应打造卖点。

大众对于名人的一举一动都非常关注，他们希望可以获知名人的生活，得到心理的满足。这时，名人同款就成为服装的一个宣传卖点。

名人效应早已对生活中的各方面产生了一定的影响，比如用明星代言广告，可以刺激用户消费；明星参与公益活动项目，可以带领更多的人去了解、参与公益。名人效应就是一种品牌效应，可以起到获取更多人关注的作用。

主播只要利用名人效应来营造、突出服装的卖点，就可以吸引用户的注意力，让他们产生购买的欲望。

2．借助用户树立口碑

在用户的消费行为日益理性的情况下，口碑的建立和积累可以给短视频和直播带货带来更好的效果。建立口碑的目的就是为品牌树立一个良好的正面形象，并且口碑的力量会在使用和传播的过程中不断加强，从而为品牌带来更多的用户流量，这也是商家都希望用户能给好评的原因。

优质的商品和售后服务都是口碑营销的关键，处理不好售后问题会让用户对商品的看法大打折扣，并且降低商品的复购率，而优质的售后服务则能让商品和店铺获得更好的口碑。

口碑体现的是品牌和店铺的整体形象，这个形象的好坏主要取决于用户对商品的体验感，所以口碑营销的重点还在于不断提高用户体验感。具体来说，用户的体验感，可以从3个方面进行改善，如图8-13所示。

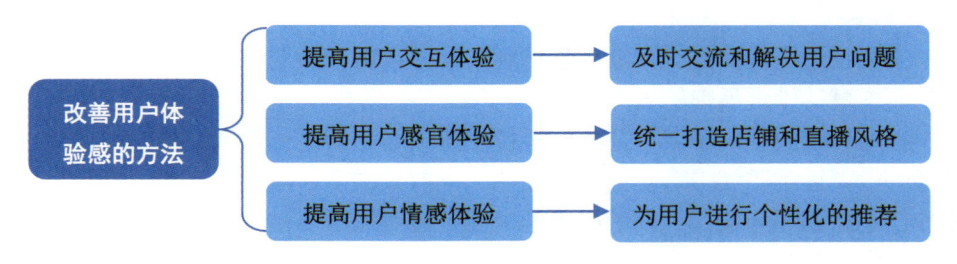

图8-13 改善用户体验感的方法

3．展现商品自身的实力

在抖音直播的过程中，主播可以展示使用商品之后带来的改变。这个改变也是证明商品实力的良好方法，只要改变是好的，对用户而言是有实用价值的，那

么用户就会对你推荐的商品感兴趣。用户在观看抖音直播时如果发现了商品的与众不同，就会产生购买的欲望，所以在直播中展示商品带来的变化是非常重要的。

比如，某销售化妆品的店铺在策划抖音直播时，为了突出自家商品的非凡实力，决定通过一次以"教你一分钟化妆"为主题的直播活动来教用户化妆。因为一分钟化妆听起来有些不可思议，所以该直播吸引了不少用户的目光。这场直播不仅突出了商品的优势，而且还教会了用户化妆的技巧。因此，该店铺的这场直播，不仅在短时间内吸引了6000多人观看，还获得了数百笔订单。

4．比较同类商品的差价

俗话说："没有对比就没有伤害。"买家在购买商品时都喜欢"货比三家"，然后选择性价比更高的商品。但是很多时候，用户会因为不够专业而无法辨认商品的优劣。此时主播在直播中就需要通过与竞品进行对比，以专业的角度，向用户展示差异化，以增强商品的说服力以及优势。

对比差价在直播中是一种高效的带货方法，可以活跃气氛，激发用户购买的欲望。相同的质量，价格却更为优惠，那么直播间的商品会更容易受到用户的欢迎。常见的差价对比方式就是，某类商品的直播间价格与其他销售渠道中的价格进行对比，让用户直观地看到直播间商品价格的优势。

比如，某短视频直播间中销售的煲汤砂锅的常规价为9.9元，券后价更是只要7.9元。此时，主播便可以在电商平台上搜索煲汤砂锅，展示其价格，让用户看到自己销售的商品的价格优势。

在这种情况下，观看直播的用户就会觉得该直播间销售的煲汤砂锅，甚至是其他商品都是物超所值的。这样一来，该直播间的销量便会得到明显的提高。

5．围绕商品策划段子

主播在进行直播时可以策划各种幽默段子，将带货的过程变得更加有趣，让用户更愿意持续观看你的直播。

在有着"央视段子手"之称的某位主持人与"口红一哥"共同为武汉带货的直播间，就运用了此方法。这场直播中，主持人讲了许多段子，如"烟笼寒水月笼沙，不止东湖与樱花，门前风景雨来佳，还有莲藕鱼糕玉露茶，凤爪藕带热干面，米酒香菇小龙虾，守住金莲不自夸，赶紧下单买回家，买它买它就买它，热干面和小龙虾。"

当主播在直播间中说幽默段子时，直播间的用户通常会比较活跃。很多用户都会在评论区留言，更多的用户会因为主播的段子比较有趣而留下来继续观看直播。如果主播能围绕商品特点多策划一些段子，那么直播内容就会更吸引用户。

6. 增值内容提高获得感

在直播时要让用户心甘情愿地购买商品，其中比较有效的一种方法是为用户提供增值内容。这样一来，用户不仅获得了商品，还收获了与商品相关的知识或者技能，自然是一举两得，因此购买商品也会毫不犹豫。

那么，增值内容主要体现在哪些方面呢？笔者将其大致分为 3 个方面，即陪伴、共享以及学到东西。

典型的增值内容就是让用户从直播中获得知识和技能。比如，很多抖音直播在这方面就做得很好，一些利用直播进行销售的商家纷纷推出商品的相关教程，给用户带来更多软性需求不是必要需求的商品增值内容。

比如，某销售手工商品的抖音直播间，会经常向用户展示手工商品的制作过程，如图 8-14 所示。该直播不仅能让用户看到手工商品的制作过程，还会教用户一些制作的技巧。

图 8-14 展示手工商品的制作过程

在主播制作商品的同时，用户还可以通过弹幕向其咨询制作商品的相关问题，比如"这个花是用什么材质做的？""这里是要把材料慢慢捏成球形吗？"等，主播通常也会耐心地为用户进行解答。

这样的话，用户不仅通过抖音直播得到了商品的相关信息，而且还学到了商品制作的窍门，对手工制作也有了更多了解。而用户在了解到商品的制作过程之后，就会想要买主播制作的商品，或者购买材料，自己制作手工商品。

7．呈现商品的使用场景

在直播营销中，想要不露痕迹地推销商品，不让用户反感，比较简单有效的方法就是将商品融入场景。这种场景营销类似于植入式广告，其目的在于营销，方法可以多种多样。将商品融入场景时需要注意几个方面，如图 8-15 所示。

```
将商品融入场景        ─── 场景的选择要注意展现商品的优势
需要注意的几个方面    ─── 商品的展示与场景的衔接要自然
                     ─── 提高在直播中随机应变的能力
```

图 8-15　将商品融入场景需要注意的几个方面

比如，某茶叶的销售直播中，主播在家中拿着一个款式比较常见的茶杯，向用户展示泡好的茶。因为在日常生活中，许多人在家里都会用这样的茶杯泡茶，所以用户在看到这样的泡茶场景之后会觉得非常熟悉，感觉在直播中泡茶的就是自己，这便达到了让用户融入商品使用场景的目的。

因此，用户看到抖音直播中展示的茶叶使用场景之后，就会觉得该茶叶看上去很不错。这样一来，观看直播的用户会更愿意购买该款茶叶，而这款茶叶的销量自然也就上去了。

8．选用专业的直播导购

商品不同，推销的方式也有所不同，在对专业性较强的商品进行直播带货时，具有专业知识的人员更容易说服用户。比如，观看汽车销售类抖音直播的用户多为男性用户，并且这些用户喜欢观看驾驶实况，他们大多是为了了解汽车资讯以及买车才看直播的，所以如果挑选有专业知识的主播进行导购，会更受用户的青睐。

在汽车直播中，用户关心的主要还是汽车的性能、配置以及价格，所以更需要专业型的导购进行实时的讲解。

比如，大多数汽车销售类抖音直播中的主播，本身就是对汽车的各项信息都比较了解的汽车销售，所以其直播时的讲解比较专业，也更容易实现交易。

第 9 章

橱窗卖货：提高抖音号的变现能力

运营者可以通过抖音 App 的"我"界面，进入"商品橱窗"界面。该界面为运营者提供了多种功能，运营者可以借助这些功能评估账号的橱窗带货情况，并寻找提高账号带货佣金的方案。

抖音电商：精准定位＋通晓算法＋引流运营＋直播带货＋橱窗卖货（第 2 版）

9.1　快速入门：了解商品橱窗的相关知识

这一节笔者讲解一些商品橱窗的基础知识，帮助大家快速了解抖音商品橱窗。

9.1.1　什么是抖音商品橱窗

对于用户来说，抖音商品橱窗是一个集中展示带货商品的地方（每个抖音号的商品橱窗可以看成是一个店铺），用户可以查看对应带货达人在销售哪些商品，如果有感兴趣的商品，还可以直接下单购买。具体来说，开通了抖音商品橱窗的账号主页中会出现"进入橱窗"按钮，用户只需点击该按钮，即可进入其橱窗（也就是该抖音号的商品橱窗），如图 9-1 所示。

图 9-1　进入抖音号的商品橱窗

而对于运营者来说，抖音商品橱窗带有双重含义。首先，它可以单独指账号中用于集中展示带货商品的橱窗；其次，它也可以指抖音平台中的商品橱窗的相关功能，借助这些功能，运营者可以更好地进行带货，从而获得更多佣金。

9.1.2　为何要开通抖音商品橱窗

开通抖音商品橱窗不仅需要进行相关操作，还需要向抖音官方支付保证金。那么，为什么还有很多运营者愿意开通抖音商品橱窗呢？笔者认为，这主要是因为开通抖音商品橱窗有以下好处。

1. 抖音带货的必要条件

在抖音平台，开通商品橱窗是进行带货的必要条件之一。只有开通了商品橱窗，运营者才可以将商品添加至自己的账号中，并将商品销售给用户。如果没有开通商品橱窗，运营者将无法获得购物车功能，也就无法通过短视频和直播直接销售商品。

2. 增加账号的变现收益

运营者将商品添加至橱窗之后，用户通过橱窗购买商品后，运营者可以获得一定的佣金。因此，对于运营者来说，开通抖音商品橱窗是增加账号变现收益的一种有效手段。

9.1.3 开通抖音商品橱窗的方法

运营者要想借助商品橱窗进行带货，需要先通过如下操作获得抖音带货权限。

步骤 01 进入抖音 App 的"我"界面，点击界面上方的 ≡ 图标，如图 9-2 所示。

步骤 02 执行操作后，选择"创作者服务中心"选项，如图 9-3 所示。

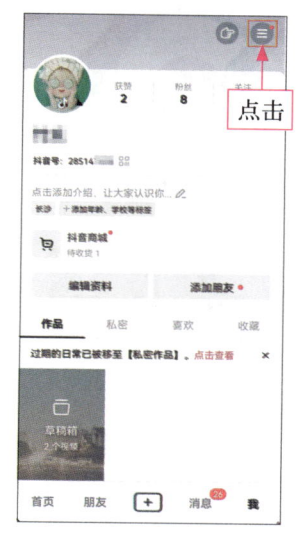

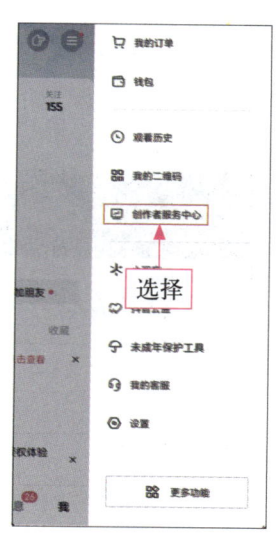

图 9-2 点击 ≡ 图标　　　图 9-3 选择"创作者服务中心"选项

步骤 03 执行操作后，进入创作者服务中心界面，点击界面中的"商品橱窗"按钮，如图 9-4 所示。

步骤 04 执行操作后，进入"商品橱窗"界面，选择界面中的"成为带货达人"选项，如图 9-5 所示。

图9-4 点击"商品橱窗"按钮　　图9-5 选择"成为带货达人"选项

步骤 05 执行操作后，进入"成为带货达人"界面，点击界面中的"带货权限申请"按钮，如图9-6所示。

步骤 06 执行操作后，进入"带货权限申请"界面，该界面中会显示申请带货权限的要求，如图9-7所示。如果运营者的账号满足所有的申请要求，就可以点击界面下方的"立即申请"按钮，申请开通带货权限，从而获得抖音商品橱窗功能。

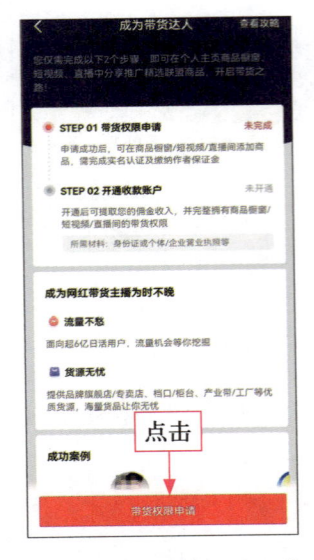

图9-6 点击"带货权限申请"按钮　　图9-7 "带货权限申请"界面

9.1.4 如何提升橱窗的带货口碑

运营者的抖音商品橱窗中会展示带货的口碑，包括带货的评分和评级。图9-8所示为某抖音号的商品橱窗，可以看到该抖音号橱窗带货口碑的评分为4.91分（总分5分）；橱窗带货评分的评级为"高"。

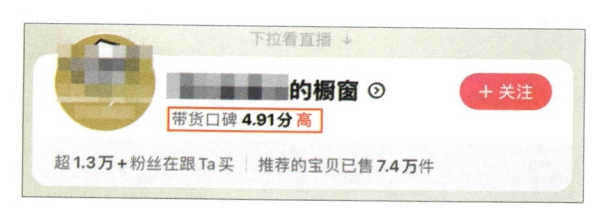

图9-8 某抖音号带货的评分和评级

对于用户来说，带货口碑反映的是运营者橱窗带货的靠谱程度。通常来说，带货口碑越好，带货的运营者就越靠谱。因此，部分用户会更愿意选择在带货口碑好的橱窗下单购买商品。

那么，运营者要如何提高自身的橱窗带货口碑评分呢？笔者认为可以重点从选品上下功夫。具体来说，运营者可以重点选择好评率高、退货率低和投诉少的商品进行带货，因为这些商品相对来说会比较靠谱。

9.2 熟悉操作：熟练运用商品橱窗功能

在通过抖音平台进行带货的过程中，运营者有必要对自己的商品橱窗进行管理。通过橱窗的管理，可以将具有优势的商品放置在显眼的位置，提高用户的购买欲望，从而达到打造爆款的目的。

通常来说，第一次使用"商品橱窗"功能时，系统会要求运营者开通电商功能。只有开通了电商功能，才能对橱窗中的商品进行管理操作。具体来说，运营者可以通过如下步骤，开通电商功能。

步骤01 登录抖音App账号，进入"我"界面，点击"商品橱窗"按钮，进入"开通电商功能"界面，如图9-9所示。

步骤02 滑动屏幕，阅读协议的相关内容，确认没有问题之后，点击下方的"我已阅读并同意"按钮，如图9-10所示。

步骤03 执行操作后，如果显示"恭喜你已开通抖音商品推广功能！"，就说明电商功能开通成功了。

电商功能开通后，运营者便可以进行商品橱窗的基本管理了。通过移动端（即抖音App）管理商品橱窗主要可以分为5个部分，即添加商品、置顶商品、更新信息、删除商品和预览橱窗。这一节，笔者就来分别对其进行说明。

抖音电商：精准定位＋通晓算法＋引流运营＋直播带货＋橱窗卖货（第2版）

图 9-9　"开通电商功能"界面　　　图 9-10　点击"我已阅读并同意"按钮

9.2.1　添加商品

对于运营者来说，在商品橱窗中添加商品非常关键，因为如果没有在规定时间内完成添加商品的任务，相关的权限就会被收回。具体来说，运营者还可以通过如下步骤直接将商品添加至橱窗中。

步骤01　进入抖音 App 的"我"界面，点击"商品橱窗"按钮，如图 9-11 所示。

步骤02　执行操作后，进入"商品橱窗"界面，点击"选品广场"按钮，如图 9-12 所示。

图 9-11　点击"商品橱窗"按钮　　　图 9-12　点击"选品广场"按钮

步骤 03 执行操作后，进入"抖音电商精选联盟"界面，点击搜索框，如图9-13所示。

步骤 04 执行操作后，在搜索框中输入商品名称，如"补光灯"，点击"搜索"按钮，如图9-14所示。

图 9-13　点击搜索框　　　　图 9-14　点击"搜索"按钮

步骤 05 执行操作后，点击搜索结果中对应商品后方的"加橱窗"按钮，如图9-15所示。

步骤 06 执行操作后，如果界面中显示"已加入橱窗，您可在发布视频时添加橱窗的商品进行推广"，就说明该商品已成功添加到橱窗中，如图9-16所示。

图 9-15　点击"加橱窗"按钮　　　　图 9-16　商品已成功添加到橱窗中

9.2.2 置顶商品

当添加的商品比较多时，运营者可以通过商品置顶功能，让更多用户看到某个商品。具体来说，运营者可以通过如下操作置顶商品。

步骤 01 进入抖音 App 的"商品橱窗"界面，点击界面中的"橱窗管理"按钮，如图 9-17 所示。

步骤 02 执行操作后，进入"橱窗管理"界面，点击界面中的"管理"按钮，如图 9-18 所示。

步骤 03 执行操作后，选中对应商品前方的复选框，点击"置顶"按钮，如图 9-19 所示。

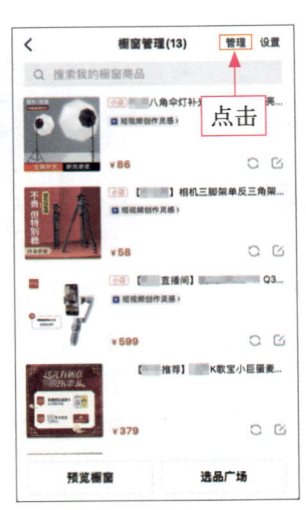

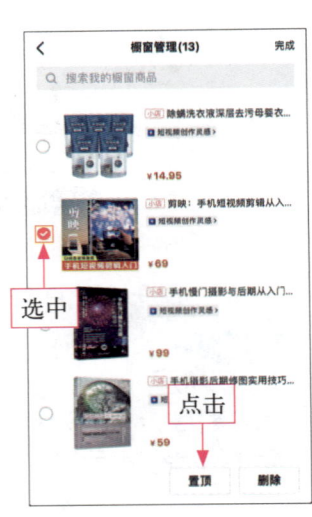

图 9-17 点击"橱窗管理"按钮　　图 9-18 点击"管理"按钮　　图 9-19 点击"置顶"按钮

步骤 04 执行操作后，如果界面中显示"已置顶"，并且刚刚选中的商品已经自动置顶了，就说明商品置顶操作成功了。

9.2.3 更新信息

当商品的相关信息发生变化，或者商品的信息需要重新编辑时，运营者可以通过如下操作对商品的信息进行更新。

步骤 01 进入"橱窗管理"界面，点击对应商品下方的 图标，如图 9-20 所示。

步骤 02 执行操作后，进入"编辑商品"界面，在该界面中设置短视频推广标题和直播间推广卖点，然后点击"确认"按钮，如图 9-21 所示。

步骤 03 执行操作后，如果界面中显示"商品信息更新成功"，就说明商品信息更新成功了，如图9-22所示。

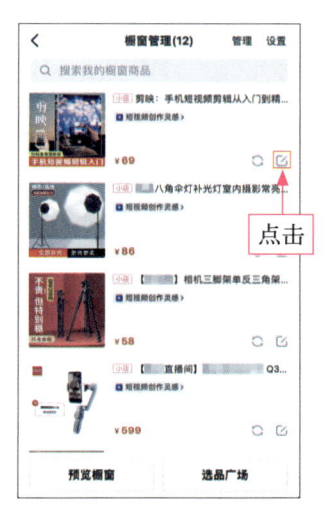

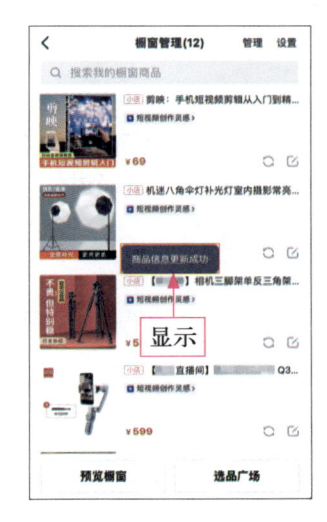

图9-20　点击图标　　图9-21　点击"确认"按钮　　图9-22　商品信息更新成功

除了点击图标之外，运营者还可以通过点击图标来更新商品信息，具体操作步骤如下。

步骤01　进入"橱窗管理"界面，点击对应商品下方的图标，如图9-23所示。

步骤02　执行操作后，会弹出"更新商品信息"对话框，点击对话框中的"确认"按钮，如图9-24所示。

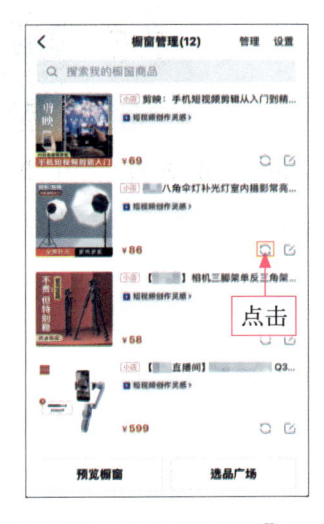

图9-23　点击"加橱窗"按钮　　图9-24　点击"确定"按钮

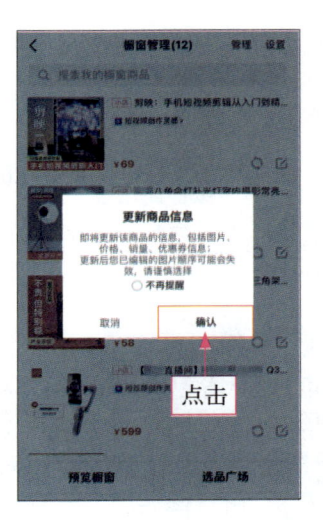

第9章　橱窗卖货：提高抖音号的变现能力

步骤 03 执行操作后，进入图9-21所示的"编辑商品"界面，运营者只需编辑商品的相关信息，并点击"确认"按钮，即可完成商品信息的更新。

9.2.4 删除商品

当抖音商品橱窗中的商品没库存了，或者商品橱窗中的某些商品不适合再销售时，运营者可以通过如下操作将对应的商品删除。

步骤 01 进入"橱窗管理"界面，点击界面中的"管理"按钮，如图9-25所示。

步骤 02 执行操作后，选中对应商品前方的复选框，点击"删除"按钮，如图9-26所示。

步骤 03 执行操作后，会弹出"移除商品"对话框，点击对话框中的"确定"按钮，如图9-27所示。

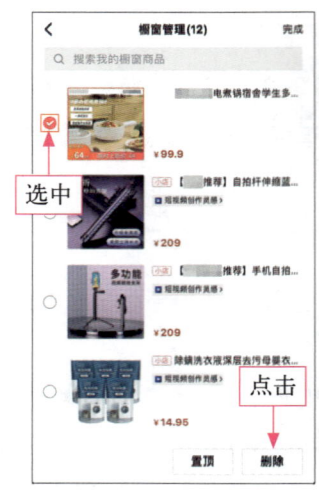

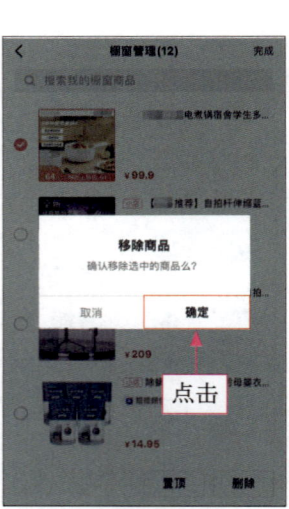

图9-25 点击"管理"按钮　　图9-26 点击"删除"按钮　　图9-27 点击"确定"按钮

步骤 04 执行操作后，如果橱窗管理界面中看不到刚刚选中的商品了，就说明该商品删除成功了。

9.2.5 预览橱窗

在商品橱窗中添加商品之后，运营者可以通过如下步骤预览橱窗，查看抖音号橱窗中的商品以及商品的销量等信息。

步骤 01 进入"橱窗管理"界面，点击"预览橱窗"按钮，如图9-28所示。

步骤 02 执行操作后，即可进入对应抖音号的推荐橱窗。该界面中会显示已添加到橱窗中的商品，以及各商品的来源和销量等信息，运营者还可以点击相关按钮来调整商品的排列顺序，比如运营者可以点击"销量"按钮，如图 9-29 所示。

步骤 03 执行操作后，界面中将会根据销量从高到低的顺序对商品进行排序，如图 9-30 所示。

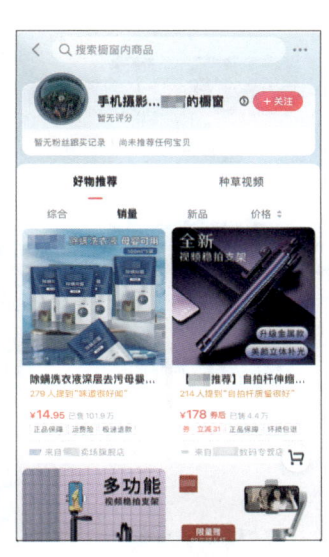

图 9-28　点击"预览橱窗"按钮　　图 9-29　点击"销量"按钮　　图 9-30　根据商品销量排序

9.3 橱窗卖货：提高抖音号的变现能力

将商品添加至橱窗后，运营者还需要通过一些方法来提高抖音号的变现能力，从而让用户更愿意购买你推荐的商品。

9.3.1 选择合适的带货商品

运营者开通商品橱窗后，可以通过选品方法选择合适自己的带货商品，并将其添加至橱窗中。下面，笔者就来为大家讲解抖音橱窗选品的常见方法，帮助大家快速找到合适的带货商品。

1. 根据自身优势选择商品

在抖音账号的运营过程中，运营者可能会获得一些优势，如图 9-31 所示。运营者可以根据自身的优势来选择适合自己的带货品类，这样用户会更愿意购买你的商品，而你获得的收益也会更有保障。

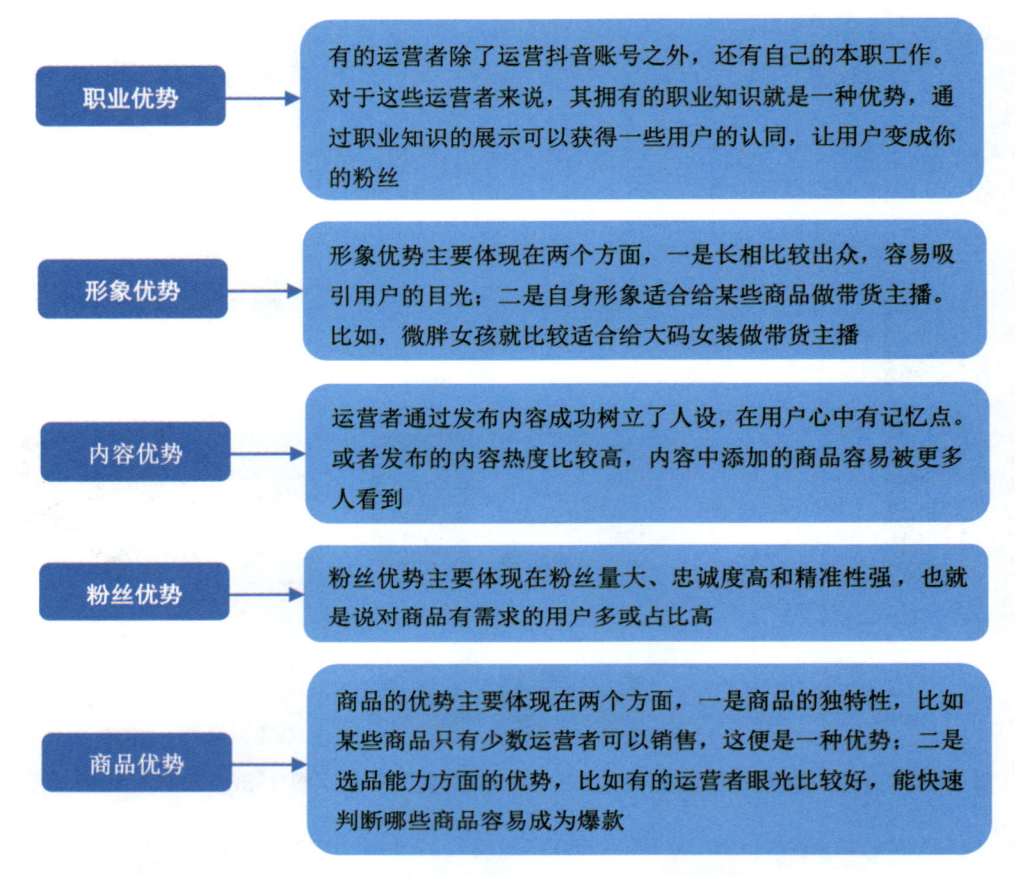

职业优势	有的运营者除了运营抖音账号之外，还有自己的本职工作。对于这些运营者来说，其拥有的职业知识就是一种优势，通过职业知识的展示可以获得一些用户的认同，让用户变成你的粉丝
形象优势	形象优势主要体现在两个方面，一是长相比较出众，容易吸引用户的目光；二是自身形象适合给某些商品做带货主播。比如，微胖女孩就比较适合给大码女装做带货主播
内容优势	运营者通过发布内容成功树立了人设，在用户心中有记忆点。或者发布的内容热度比较高，内容中添加的商品容易被更多人看到
粉丝优势	粉丝优势主要体现在粉丝量大、忠诚度高和精准性强，也就是说对商品有需求的用户多或占比高
商品优势	商品的优势主要体现在两个方面，一是商品的独特性，比如某些商品只有少数运营者可以销售，这便是一种优势；二是选品能力方面的优势，比如有的运营者眼光比较好，能快速判断哪些商品容易成为爆款

图 9-31 抖音账号运营过程中可能获得的优势

2．根据官方榜单选择商品

抖音官方推出了"爆款榜"，运营者可以通过该榜单选择合适的商品，进行商品橱窗带货，具体操作步骤如下。

步骤 01 进入抖音 App 的"抖音电商精选联盟"界面，点击"爆款榜"按钮，如图 9-32 所示。

步骤 02 执行操作后，进入"精选联盟爆款榜"界面，会默认展示商品销量的"实时榜"，如图 9-33 所示。

步骤 03 运营者可以点击"精选联盟爆款榜"界面中的相关按钮，查看其他周期的榜单，如点击"周榜"按钮，查看过去一周的商品销量排行情况，如图 9-34 所示。

步骤 04 除了周期按钮之外，运营者还可以点击对应品类的按钮，查看该品类商品的排行情况。比如，运营者可以点击"食品饮料"按钮，查看食品饮料类商品的排行情况，如图9-35所示。

图9-32 点击"爆款榜"按钮

图9-33 商品销量的"实时榜"

图9-34 点击"周榜"按钮

图9-35 点击"食品饮料"按钮

3．根据店铺评分选择商品

部分用户在选择商品时，会比较看重商品所在店铺的评分，如果店铺评分太

第9章 橱窗卖货：提高抖音号的变现能力

177

低，这些用户就会觉得该店铺销售的商品不太靠谱。对此，运营者可以查看店铺评分，并选择评分较高的店铺中的商品进行橱窗带货。具体来说，运营者可以通过如下操作查看商品所在店铺的评分，并选择合适的商品进行橱窗带货。

步骤01 在"抖音电商精选联盟"界面的搜索框中输入商品关键词，对商品进行搜索，然后点击搜索结果中对应商品的标题，如图9-36所示。

步骤02 执行操作后，即可进入"商品推广信息"界面，运营者可以在商品标题的下方查看商家体验分，如图9-37所示。

步骤03 除了商家体验分之外，运营者还可以查看店铺的其他评分情况。具体来说，运营者只需滑动"商品推广信息"界面，即可在店铺名称的下方查看其商品体验分、物流体验分和商家服务分，如图9-38所示，运营者可以将店铺评分比较高的商品添加至橱窗中进行销售。

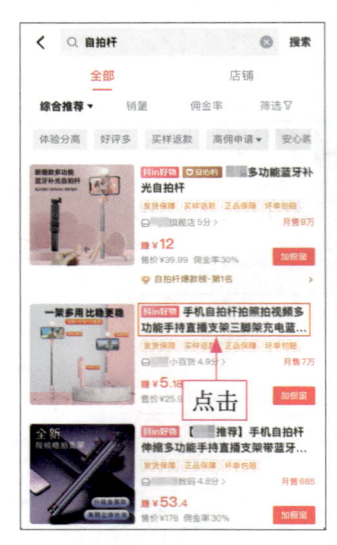

图9-36　点击商品的标题　　图9-37　查看商家体验分　　图9-38　查看店铺的其他评分

4．根据用户评价选择商品

运营者可以查看用户对商品的评价，并选择好评率较高的商品进行橱窗带货。具体来说，运营者可以通过如下操作查看用户对商品的评价。

步骤01 进入"商品推广信息"界面，点击"商品评价"右侧的"好评率"按钮，如图9-39所示。

步骤02 执行操作后，即可进入"商品评价"界面，查看用户对商品的具体评价，如图9-40所示，运营者可以选择用户评价比较好的商品进行橱窗带货。

图9-39 点击"好评率"按钮　　图9-40 "商品评价"界面

> **专家提醒**
>
> 　　如果比较看重用户的评价，那么运营者可以将评价数量多、好评率高的商品添加至抖音橱窗中。但是如果评价的用户数量过少，那么商品的好评率可能不太具有参考性。

5. 根据带货佣金率选择商品

如果运营者比较看重带货的佣金率，希望每单能获得较为可观的收益，可以通过如下操作根据商品的佣金率进行排序，并选择佣金率较高的商品进行橱窗带货。

步骤01 在"抖音电商精选联盟"界面的搜索框中输入商品关键词，对商品进行搜索，点击搜索结果中的"佣金率"按钮，如图9-41所示。

步骤02 执行操作后，系统将自动根据佣金率从高到低的顺序对商品进行排序，如图9-42所示。运营者可以选择其中排序靠前的商品进行橱窗带货，以保障带货收益。

以上5种选品方法可以综合使用，即同时使用几种选品方法来确定橱窗带货的商品。比如，运营者可以从评分较高的商品中，选择用户评价量多、好评率高的商品进行橱窗带货。

图 9-41　点击"佣金率"按钮　　　图 9-42　商品根据佣金率从高到低的顺序排序

9.3.2　将橱窗的商品添加至购物车

开通抖音商品橱窗功能之后，会自动获得购物车功能。运营者可以将橱窗中的商品添加至购物车，为用户购买对应的商品提供便利。下面，笔者就以将橱窗中的商品添加至短视频购物车为例，对其具体的操作步骤进行说明。

步骤 01　拍摄或上传短视频，进入短视频的发布界面，选择"添加商品"选项，如图 9-43 所示。

步骤 02　执行操作后，进入添加商品的相关界面，点击对应商品的"添加"按钮，如图 9-44 所示。

图 9-43　选择"添加商品"选项　　　图 9-44　点击"添加"按钮

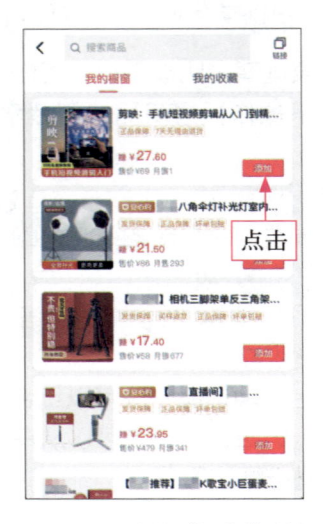

步骤 03 执行操作后，对应商品的"添加"按钮会变成"移除"按钮，点击"下一步"按钮，如图9-45所示。

步骤 04 执行操作后，进入"编辑推广信息"界面，输入推广标题，点击"确定"按钮，如图9-46所示。

步骤 05 执行操作后，返回短视频的发布界面，界面中会显示刚刚输入的推广标题，如图9-47所示。此时，运营者如果点击"发布"按钮，即可发布带有购物链接的短视频。

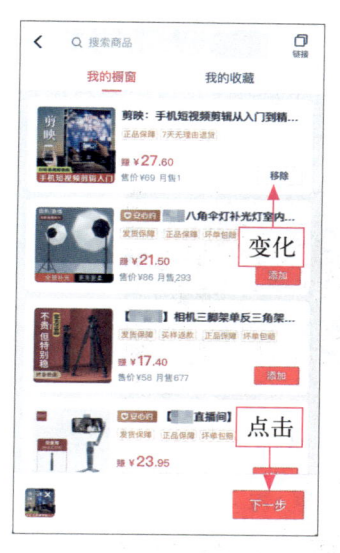

图 9-45 点击"下一步"按钮

图 9-46 点击"确定"按钮

图 9-47 显示输入设置的推广标题

9.3.3 掌握橱窗卖货的常见技巧

抖音短视频平台原本就是一个用户分享短视频的平台，而大多数用户之所以登录抖音短视频平台，就是希望能从中看到有趣的短视频。正是因为如此，短视频成了抖音带货的重要载体，运营者如果能够利用好短视频，就能让商品获得不错的销量。

那么，如何利用抖音短视频进行带货呢？这一节，笔者将重点介绍5个抖音短视频的带货技巧。

1. 善用异性相吸原则

男性和女性看待同一个问题的角度有时候可能会有一些差异，可能某一事物对男性来说并没有多大的吸引力，但是却能让女性尖叫。而善用异性相吸的原则，

则可以在增强内容针对性的同时，提高内容对目标用户的吸引力。

抖音短视频中异性相吸原则的使用，通常就是采取真人出镜的形式，用短视频中的美女吸引男性用户，或者用短视频中的帅哥吸引女性用户。采用这种方式带货的短视频，通常能获得不错的流量，但是如果短视频中商品本身的吸引力不够，销量还是难以得到保障的。

其实，在笔者看来，除了上面这种方式之外，还有另一种异性相吸，那就是让用户购买异性才会用到的商品。让用户看到该商品对于异性的价值，从而让用户愿意将商品作为礼物送给异性。如果用户觉得商品对异性朋友来说很有用处，或者送出该商品能取悦异性，那么用户自然会愿意购买商品。

图 9-48 所示为某带货短视频的相关画面，可以看到该视频就是采用异性相吸原则，将商品打造成让女朋友怦然心动的礼物来促进商品销售的。

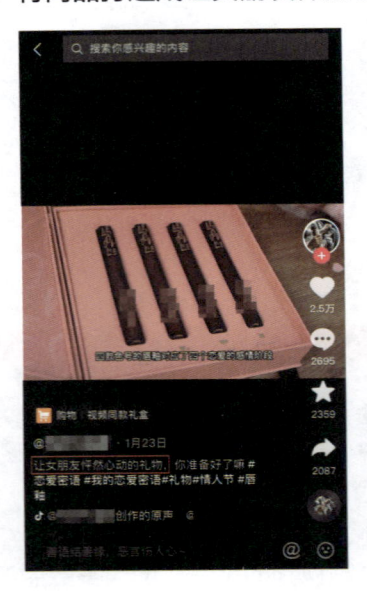

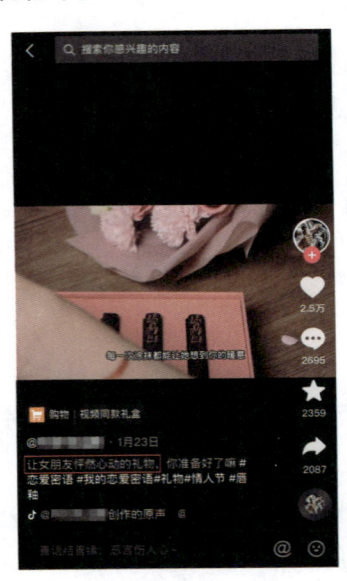

图 9-48　利用异性相吸原则带货

2．刺激目标用户需求

一款商品要想获得较为可观的销量，还必须得刺激消费者的需求，即让消费者在看到商品的价值之后，愿意花钱购买。

一些整体差不多的商品，在不同店铺中的销量却出现比较大的差异，这可能与店铺的粉丝量有一定的关系。然而有的店铺粉丝量相差不大，同样的商品销量差异却比较大，这又是什么原因呢？

其实，除了店铺自身的粉丝量之外，一款商品的销量，还会在很大程度上受店铺宣传推广的影响。如果运营者能够在抖音短视频中刺激目标用户的需求,商品的销量自然会更有保障。

那么,怎么刺激目标用户的需求呢?笔者认为关键就在于通过短视频的展示,让用户看到商品的用处,让用户觉得这款商品确实是值得购买的。比如,某带货短视频中就是通过购买商品之后,会让孩子远离手机,来刺激家长们的需求的。

3. 点出核心用户群体

虽然目标用户基数越大,接收信息的人数可能就会越多,但这并不代表获得的营销效果就一定会越好。

为什么这么说呢?这其实很好理解,因为购买商品的只是那些对商品有需求的用户群体,如果运营者没有针对有需求的用户群体进行营销,而是花大量时间进行广泛宣传,那么很可能就会因为对核心用户群体把握不准而难以达到预期的带货效果。

在笔者看来,与其将商品进行广泛宣传,一味地扩大商品的用户群体,倒不如对商品进行分析,找出核心用户群体,然后针对核心用户群体进行带货。这不仅能增强营销的针对性,也能让核心用户群体一眼就看到商品对自己的用处。

图 9-49 所示为部分短视频的相关画面,可以看到这些短视频就是通过点出核心用户群体的方式,有针对性地为"宝妈"推荐商品,从而拉动商品的销量。

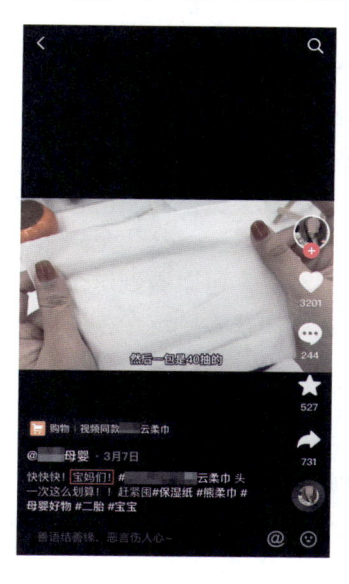

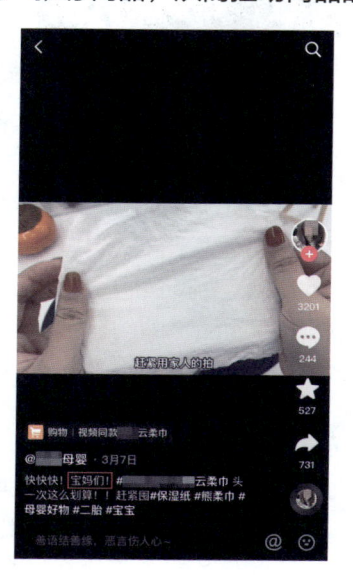

图 9-49 点出核心用户群体的短视频

4．提前做好预售种草

在商品还未正式上线时，许多商家都会先通过预售种草，提高目标消费群体的关注度。抖音短视频主要由画面和声音两部分组成，运营者可以针对这两个部分进行预售种草。画面部分，运营者可以将预售的相关文字显示在画面中，如图9-50所示；声音部分，运营者可以通过口播的方式向用户传达商品预售信息，增强商品对用户的吸引力，实现预售种草。

图9-50　通过文字进行预售种草

许多消费者为了买到更便宜的商品都会货比三家。所以，当运营者在抖音中发布预售信息时，用户如果想购买商品，很可能就会对商品的价值进行评估。此时，运营者如果在预售时给出一定的折扣，用户就会觉得商品价格已经便宜了不少，商品更值得购买了。

图9-51所示为抖音中预售商品的短视频案例，可以看到这个短视频便是以优惠的价格进行商品（即门票）预售的。而当用户在看到这个视频时，自然会认为此时下手购买是比较划得来的。

5．将硬广告变成推荐

越来越多的人开始对广告，特别是硬广告产生抵触情绪。部分人在看到硬广告之后，不仅不会有丝毫购买商品的意愿，甚至还会因为对硬广告的厌恶，直接拉黑推出硬广告的品牌，决心不再购买该品牌的商品。

其实，硬广告无非就是为了营销，同样是营销，如果换一种方式，可能会取得更好的效果。比如，运营者可以从好物推荐的角度进行营销，让用户看到商品的用处之后，会因为商品实用而进行购买，如图 9-52 所示。

图 9-51　以优惠的价格进行预售种草

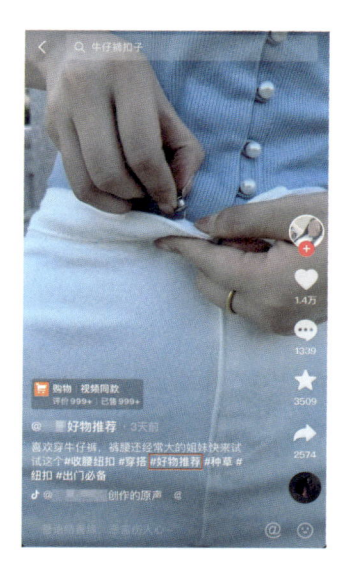

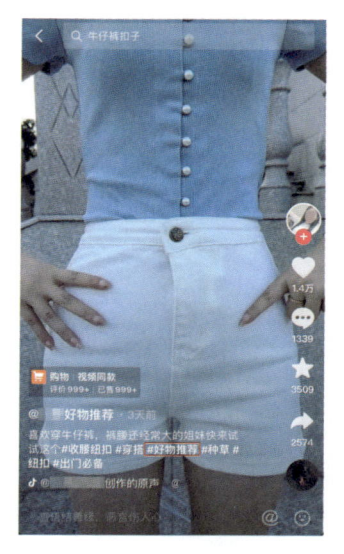

图 9-52　将硬广告变成好物推荐

第 10 章

抖音盒子：官方力推的商品推广渠道

对于通过带货获得佣金收益的运营者来说，抖音盒子是推广商品、获得收益的一个绝佳平台。运营者可以通过在该平台上发布内容来提升带货商品的曝光率和销量，从而有效地提升佣金收益。

10.1　入门须知：快速了解抖音盒子

对运营者来说，了解并运用好抖音盒子是很有必要的，因为运营者可以通过在抖音盒子 App 上发布带货内容来提升商品的曝光量，从而增加收益。这一节，笔者就来为大家讲解抖音盒子的一些基础知识，让大家从零开始快速了解抖音盒子。

10.1.1　什么是抖音盒子

什么是抖音盒子？抖音盒子是由字节跳动公司推出的一款独立电商 App，其口号为"开启潮流生活"，背靠抖音的强大流量，有望成为下一个"短视频+直播带货"风口。

抖音的电商布局之路由来已久，从 2018 年 8 月上线的抖音小店（购物车），到 2021 年底推出的抖音盒子，抖音的"电商梦"已经沉淀了 3 年多的时间，如今终于开始步入正轨。抖音盒子的出现，表明了抖音已经开启了一条全新的商业化道路，用来抗衡淘宝、京东和拼多多等传统电商巨头。

抖音盒子的定位是"潮流时尚电商平台"，在其应用描述中，软件介绍内容为："围绕风格、时尚、购物，从街头文化到高端时装，从穿搭技巧到彩妆护肤，和千万潮流玩家一起，捕捉全球流行趋势，开启潮流生活。"

从抖音盒子的应用介绍中可以看到，"潮流""风格""时尚"等字眼被不断提及，可见其重点用户人群是一、二线城市中的年轻人，这一点与抖音当初的产品定位一致。

2020 年 10 月 9 日，抖音关闭了所有直播间的电商外链，像淘宝、京东等其他第三方平台中的商品将无法再分享到直播间购物车中，同时全品类商品都需要通过巨量星图发送任务单才能上架购物车。

从 2022 年开始，抖音正在加码完善物流配送，在与各大快递公司展开合作的同时，还将推出自己的快递服务"音尊达"，来降低物流原因导致的品退率与提升用户复购率。抖音的这些操作，无不是在为自己的独立电商平台——抖音盒子 App 铺路，至于结果如何，大家就拭目以待吧。

10.1.2　入驻抖音盒子平台

运营者只需登录抖音盒子 App，便可以直接完成抖音盒子平台的入驻。而且如果运营者的抖音号开通了电商功能，还可以通过抖音号入驻抖音盒子平台，并在该平台上发布带货内容。具体来说，运营者可以通过如下操作登录抖音盒子 App。

步骤 01 打开抖音盒子 App，进入"推荐"界面，点击界面中的"我的"按钮，如图 10-1 所示。

步骤 02 执行操作后，进入"欢迎登录"界面，运营者可以选中"已阅读并同意'用户协议'和'隐私政策'"复选框，点击"使用上述抖音账号一键登录"按钮，如图 10-2 所示，用默认抖音号登录抖音盒子 App。

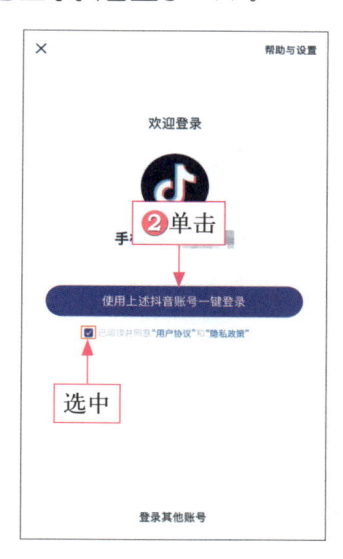

图 10-1　点击"我的"按钮　　图 10-2　点击"使用上述抖音账号一键登录"按钮

步骤 03 执行操作后，即可使用默认抖音号登录抖音盒子 App，并自动进入"我的"界面，如图 10-3 所示。

除了使用默认抖音号登录之外，运营者还可以使用其他账号登录抖音盒子 App。具体来说，运营者可以点击"欢迎登录"界面（即图 10-2）中的"登录其他账号"按钮，跳转的"欢迎登录"界面中使用抖音号的认证手机号或者其他手机号登录抖音盒子 App，如图 10-4 所示。

> **专家提醒**
>
> 　　对于已注册了抖音号，且抖音号已经开通电商功能，并支付了保证金的运营者来说，使用抖音号直接登录抖音盒子 App，比重新注册并进行登录要好得多。因为使用这样的抖音号登录，便可以直接在抖音盒子 App 中进行带货。而新注册的账号，要完成注册工作，并开通电商带货功能（包括支付保证金），才能进行带货，这无疑是比较麻烦的。

第 10 章　抖音盒子：官方力推的商品推广渠道

图 10-3 "我的"界面

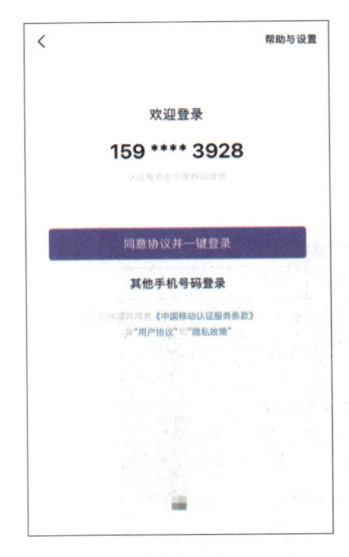

图 10-4 "欢迎登录"界面

10.1.3 抖音盒子的界面介绍

抖音盒子 App 的功能设计与抖音比较类似，打开该 App 即可直接进入"首页"中的"推荐"界面，显示视频和直播信息流，同时下方设置了"首页""订阅""购物车""我的"共 4 个一级入口。

"首页"是抖音盒子 App 中产品优先级最靠前的界面，其中包括"逛街""推荐""搜索潮流好物""拍摄视频分享""消息"等功能。下面，笔者就来介绍抖音盒子的基本界面，帮助读者快速认识抖音盒子。

1. "推荐"界面

打开抖音盒子 App 后，出现的第一个界面便是"推荐"，该界面采用短视频和直播信息流的逛街模式，为消费者打造更加沉浸式的购物场景，如图 10-5 所示。

虽然抖音盒子 App 的短视频中并没有像抖音 App 一样设置"小黄车"功能，但是却加入了视频同款功能，运营者可以借助该功能进行短视频带货，而用户则可以购买短视频中的同款商品。

具体来说，如果运营者的短视频中关联了商品，那么短视频中会出现商品图片链接，用户只需点击该链接，如图 10-6 所示，便可在弹出的"视频相关宝贝"对话框中查看商品的相关信息，如图 10-7 所示。有需要的用户还可以将该对话框中的商品添加至购物车中，甚至直接购买商品。

当然，对于直播信息流来说，用户可以直接点击屏幕进入直播间界面。用户在该界面中可以看到购物车图标，有需要的用户可以点击该图标选购商品。

图 10-5　"推荐"界面

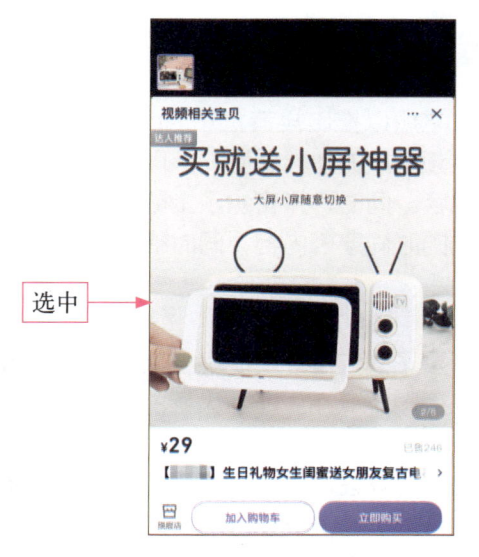

图 10-6　点击商品图片链接　　图 10-7　弹出"视频相关宝贝"对话框

2. "逛街"界面

在抖音盒子的"首页"界面中，另一个重要板块便是"逛街"界面，该

界面包括"宝藏直播""时尚潮服""爆款排行""二手高奢"4个类目，如图 10-8 所示。点击相应的类目名称即可进入类目详情界面，查看更多的相关产品，如图 10-9 所示。有需要的用户还可以点击查看对应商品的信息，甚至直接下单购买商品。

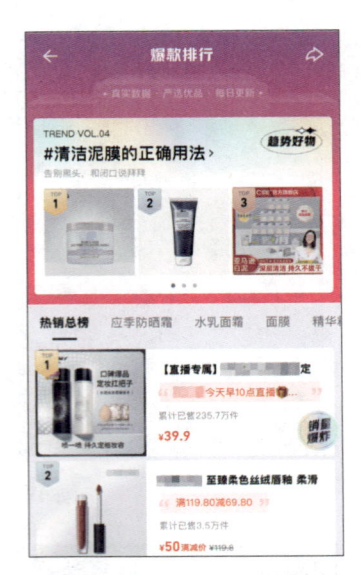

图 10-8　"逛街"界面　　　　图 10-9　相应类目详情界面

抖音之所以推出抖音盒子 App 这个独立电商平台，主要是为了照顾那些正常刷短视频用户的体验感受，从而避免在抖音这个内容平台上加入大量包含商业性质的内容。同时，抖音盒子上聚集了大量的明星、博主和时尚达人，为用户提供个性化的时尚穿搭内容，同时给用户带来轻松愉悦的一站式购物体验。

3. "订阅"界面

抖音盒子的定位非常明确，就是一个针对年轻人的潮流平台，不仅提供了商品，而且还围绕商品生产了大量的视频种草内容，同时增强了社交属性、弱化了交易属性。

用户在抖音盒子上看到喜欢的抖音盒子账号之后，可以点击账号头像，进入其"视频"界面，点击界面上方的"＋订阅"按钮，如图 10-10 所示。执行操作后，会显示"已订阅"，如图 10-11 所示。

订阅账号之后，用户只需点击"推荐"界面中的"订阅"按钮，如图 10-12 所示，即可进入"订阅"界面，查看已订阅账号发布的内容，如图 10-13 所示。

从抖音盒子的社交属性和交易属性上可以看到，抖音盒子不同于纯粹的娱乐型短视频 App 或者购物 App，而是通过将转化路径延长，来获得一批拥有优质原创内容和创作积极性高的时尚达人，作为平台的首批忠实用户。

图 10-10　点击"+订阅"按钮

图 10-11　显示"已订阅"

图 10-12　点击"订阅"按钮

图 10-13　"订阅"界面

4."购物车"界面

抖音盒子的交易功能全部都挪到了直播间和货架电商界面，这样做的目的是

抖音电商：精准定位＋通晓算法＋引流运营＋直播带货＋橱窗卖货（第2版）

为了让用户的注意力集中在与商品有关的视频内容上，抖音盒子目前主要包括以下3个下单转化渠道。

- "推荐"界面：在包含各种种草内容的短视频信息流中，穿插带货直播间，用户在刷视频时可以直接进入喜欢的直播间下单。
- "订阅"界面：关注相应博主之后，直接在"订阅"界面进入店铺。
- "逛街"界面：在浏览商品的同时添加购物车或直接下单。

另外，在抖音盒子中还可以通过"购物车"界面下单，前提是用户先要加购商品。用户看到感兴趣的商品后，可以点击商品详情对话框中的"加入购物车"按钮，如图10-14所示。执行操作后，会弹出商品选购对话框，选择商品的购买信息；点击"确定"按钮，如图10-15所示，即可将对应商品加入购物车。

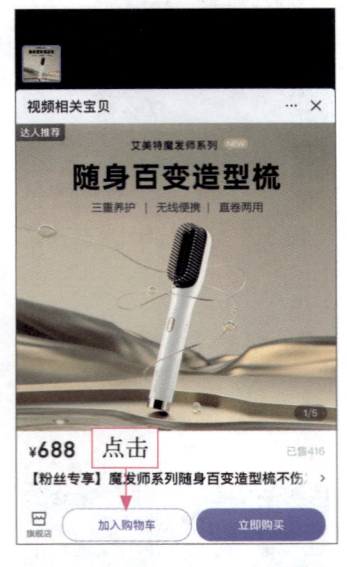

图10-14　点击"加入购物车"按钮　　　图10-15　"购物车"界面

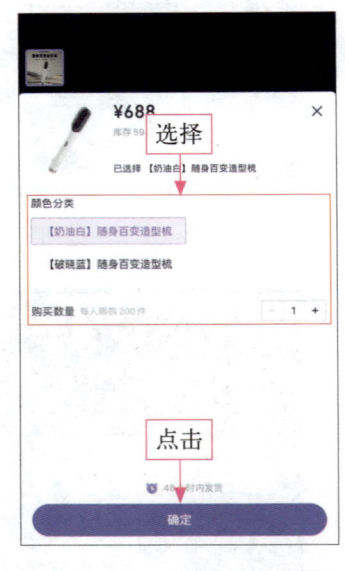

将商品加入购物车之后，用户只需点击"推荐"界面中的"购物车"按钮，即可进入"购物车"界面，查看已加入购物车的商品。

> **专家提醒**
>
> 　　抖音盒子的购物车功能与其他电商App大同小异，不仅可以放置用户精挑细选的商品，而且还可以非常方便地将多个商品组合起来做促销，甚至还能够帮助抖音盒子平台节省物流成本。

5．"我的"界面

在抖音盒子 App 中，推荐入口的重要性远大于搜索入口，而且所有短视频、图文和直播内容都是围绕"卖货"来产生的，同时在"我的"界面中集成了全部的电商基础功能。用户可以点击界面中的对应按钮，查看账号的相关信息。比如，点击"我的"界面中的"我的钱包"按钮，如图 10-16 所示。执行操作后，即可进入"钱包"界面，查看账号资金方面的信息，如图 10-17 所示。

图 10-16　点击"我的钱包"按钮　　　图 10-17　"钱包"界面

不过，抖音盒子与抖音这两个 App 的部分个人数据并没有完全互通，如粉丝、点赞和评论等是区隔开的，但运营者的购物数据、视频内容和直播间是相通的。

10.1.4　为何要入驻抖音盒子

抖音平台本身就拥有大量的流量，只要做好抖音号运营，便可以获得比较可观的收益。那么，为什么还要花费心力来运营抖音盒子呢？这主要是因为运营抖音盒子有以下几个好处。

1．快速获取更多的粉丝

只要运营者发布的内容比较有吸引力，那么有的用户便会选择订阅，成为你的粉丝。另外，抖音和抖音盒子的粉丝数据并不是互通的，也就是说，抖音盒子是另一个获取粉丝的有效渠道。通常来说，获取粉丝的渠道越多，运营者积累粉

丝的速度就越快。因此，运营抖音盒子账号，对于快速获取更多的粉丝，提升粉丝的整体消费能力也是有一定作用的。

2．增加商品的曝光量

对于运营者来说，商品的宣传渠道越多，获得的曝光量通常也会越多。而抖音盒子又是一个相对独立的 App，部分用户可能会使用该 App 来查找或购买商品。因此，运营者可以通过在抖音盒子 App 中发布短视频或开直播来向用户展示商品，从而增加商品的曝光量。

比如，运营者可以为商品拍摄专门的短视频，展示商品的外观、功能和优势等信息，并在短视频中添加关联宝贝（即添加商品购买链接）。这样，随着运营者将短视频发布到抖音盒子 App 中，商品的曝光量也将随之增加。而且看到短视频之后，用户还可以点击链接购买运营者推荐的商品。

3．增加小店商品的销量

除了增加商品曝光量之外，运营抖音盒子还可以提升商品的销量。具体来说，运营者不仅可以通过短视频或直播宣传来增加某些商品的销量，还可以增加抖音小店中其他未宣传商品的销量。

通过短视频或直播宣传来增加某些商品的销量这一点很好理解，部分用户看到宣传内容之后，会更愿意购买商品，商品的销量自然就增加了。而抖音小店中未宣传的商品也能增加销量，则是因为绑定了抖音小店的账号中会出现店铺入口，用户可以进入抖音小店中购买商品。所以，有时候即便运营者没有通过短视频或直播进行宣传，抖音小店中的商品销量也会增加。

比如，某账号的主页界面中便显示了"店铺"按钮，用户点击该按钮，如图 10-18 所示，即可进入对应抖音小店的"商品"选项卡，查看当前的在售商品。如果用户对某种商品感兴趣，可以点击该商品的封面或标题，如图 10-19 所示。执行操作后，即可进入商品的详情界面，如图 10-20 所示，用户可以在该界面中查看或直接下单购买商品。

4．提供更优质的服务

将抖音小店绑定账号之后，运营者还可以通过抖音盒子更好为用户提供更优质的服务。比如，运营者可以在商品详情界面中为用户提供客服咨询入口，让有需要的用户通过点击"客服"按钮，就能与客服人员就商品的相关问题进行在线沟通，如图 10-21 所示。

图 10-18　点击"店铺"按钮　　图 10-19　点击商品的封面或标题　　图 10-20　商品的详情界面

图 10-21　有需要的用户可以与客服人员在线沟通

10.2　流量获取：快速提高带货的效果

　　在抖音盒子账号的运营过程中，获得更多流量是很有必要的，这不仅可以让发布的内容和商品吸引更多用户的关注，还可以快速提升带货的效果。这一节，笔者就来为大家讲解流量获取的相关方法，帮助大家快速提高带货的效果，从而

第 10 章　抖音盒子：官方力推的商品推广渠道

197

抖音电商：精准定位＋通晓算法＋引流运营＋直播带货＋橱窗卖货（第 2 版）

获得更多的收益。

10.2.1　分享引流：分享视频增加受众

运营者可以将营销推广短视频转发给目标用户，如社交软件中的好友、群成员等，从而让更多人看到你的商品，甚至是购买你的商品。具体来说，运营者可以通过如下操作将营销推广短视频转发给目标用户。

步骤 01　进入抖音盒子 App 中营销推广短视频的播放界面，点击"更多"按钮，如图 10-22 所示。

> **专家提醒**
>
> 　　如果运营者想分享他人账号发布的营销推广短视频，那么短视频播放界面的内容会有一些差异，此时运营者需要点击界面中的➦图标。

步骤 02　执行操作后，会弹出的"更多"对话框，点击该对话框中对应社交平台的按钮，如"微信好友"按钮，如图 10-23 所示。

图 10-22　点击"更多"按钮　　　图 10-23　点击"微信好友"按钮

步骤 03　执行操作后，会弹出"下载中"对话框，并且系统会自动下载短视频，点击"复制口令发给好友"按钮，如图 10-24 所示。

步骤 04　执行操作后，进入微信 App，选择短视频的分享对象（可以是某个微信号，也可以是微信群），如图 10-25 所示。

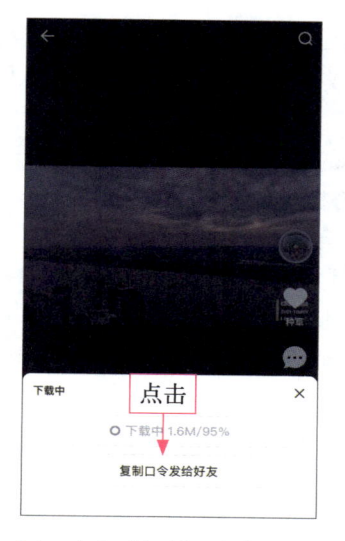

图 10-24　点击"复制口令发给好友"按钮　　图 10-25　选择短视频的分享对象

步骤 05　执行操作后，进入微信聊天界面，在输入框中粘贴短视频口令；点击"发送"按钮，如图 10-26 所示。

步骤 06　执行操作后，聊天界面中会出现抖音盒子短视频口令，如图 10-27 所示。被分享对象只需复制该口令，然后打开抖音盒子 App，便可以看到运营者分享的营销推广短视频。

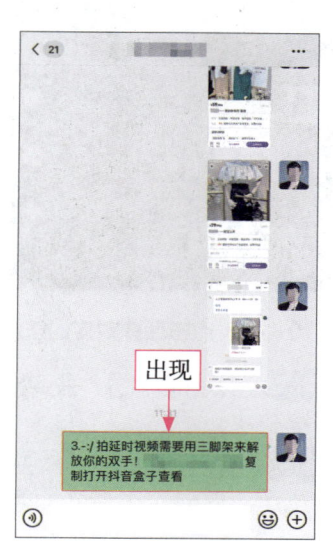

图 10-26　点击"发送"按钮　　图 10-27　聊天界面中出现短视频口令

10.2.2 话题引流：增加流量的精准性

有的用户会通过搜索话题关键词来查看自己感兴趣的内容。而且抖音盒子平台还带有"热门话题"功能，在短视频的播放界面中展示话题内容的入口。那么，运营者要如何参与热门话题呢？

具体来说，运营者在刷抖音盒子短视频时，如果看到短视频中显示了自己感兴趣的"热门话题"，可以点击该话题对应的按钮，如图 10-28 所示。执行操作后，即可进入该话题的详情界面，该界面中会展示与这个话题相关的短视频。如果运营者要参与该话题，只需点击界面中的"立即参与"按钮，如图 10-29 所示，并发布合适的短视频，即可参与话题。

除了直接点击话题参与之外，运营者还可以在发布界面中添加话题，具体操作步骤如下。

步骤 01 进入抖音盒子的短视频发布信息编辑界面，选择"关联话题"选项，如图 10-30 所示。

图 10-28　点击话题对应的按钮　　图 10-29　点击"立即参与"按钮

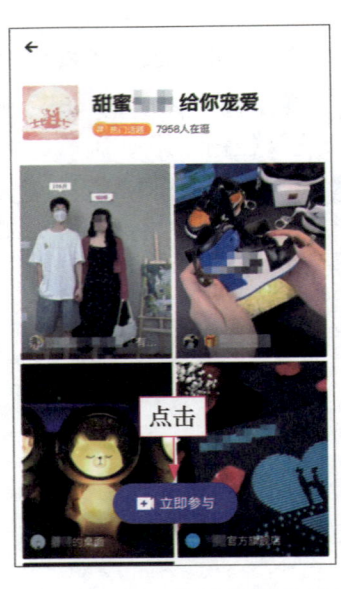

步骤 02 执行操作后，会弹出"添加话题"对话框，选择对话框中的话题，如图 10-31 所示。

步骤 03 执行操作后，"关联话题"的右侧会显示具体的话题名称，如图 10-32 所示。此时，运营者只需点击"发布"按钮，即可借助话题进行引流。

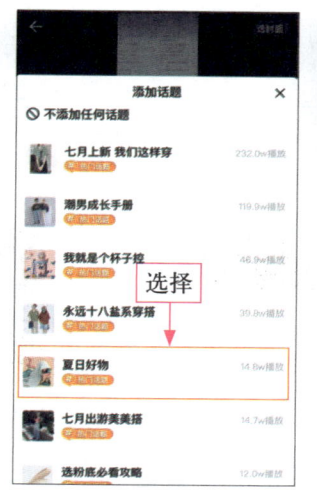

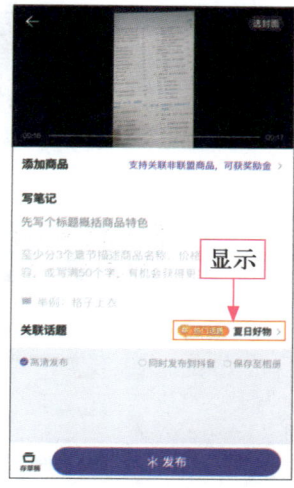

图 10-30　选择"关联话题"选项　图 10-31　选择对话框中的话题　图 10-32　显示话题名称

除了短视频发布信息编辑界面之外，运营者还可以通过短视频笔记编辑界面添加话题，具体操作步骤如下。

步骤 01 进入要添加话题的短视频的播放界面，点击"添加笔记获更多曝光"按钮，如图 10-33 所示。

步骤 02 执行操作后，会弹出"添加商品"对话框，选择对话框中的"关联话题"选项，如图 10-34 所示。

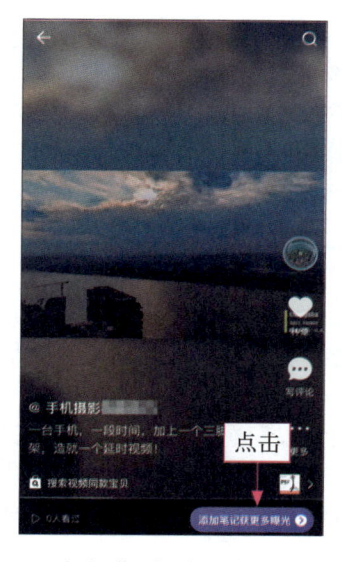

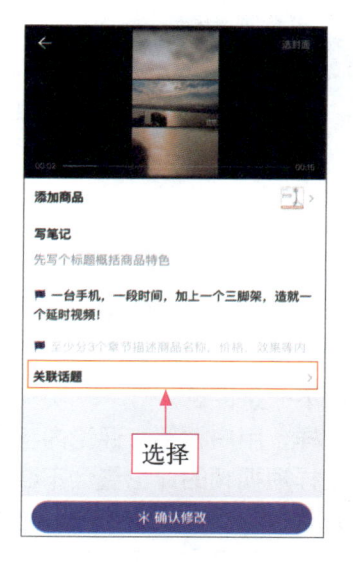

图 10-33　点击"添加笔记获更多曝光"按钮　图 10-34　选择"关联话题"选项

第 10 章　抖音盒子：官方力推的商品推广渠道

201

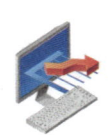

步骤 03 执行操作后，会弹出"添加话题"对话框，选择对话框中的话题，如图 10-35 所示。

步骤 04 执行操作后，"关联话题"的右侧会显示具体的话题名称，如图 10-36 所示。此时，运营者只需点击"确认修改"按钮，即可发布带有该话题的短视频。

图 10-35　选择对话框中的话题 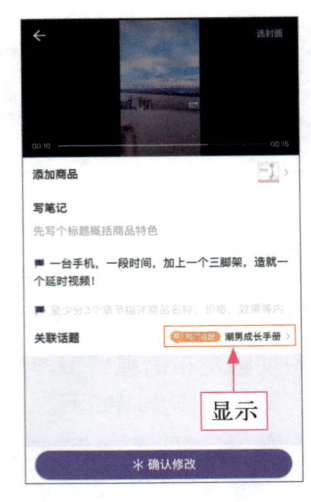　　图 10-36　显示具体的话题名称

专家提醒

笔者写稿期间，发布短视频时，只能添加抖音盒子平台提供的几个话题，而不能自行编写话题。因此，运营者在发布短视频时，一定要重视话题的选择，注重话题与内容的关联性。

10.2.3　评论引流：促进视频广泛传播

在刷短视频的过程中，部分用户会比较关注评论。如果一个短视频没有人评论，那么用户可能会直接划过。因此，运营者发布营销推广短视频之后，可以先自己留下一条评论。

这样，用户看到有评论内容之后，可能会去查看，甚至会对你的评论进行回复，这样短视频的评论量会不断增加。而随着评论量的增加，短视频的热度也会随之升高，短视频及账号的曝光量自然也就增加了。具体来说，运营者可以通过如下步骤，在自己发布的短视频中留下评论。

步骤 01 进入抖音盒子的个人主页界面，点击要发布评论的短视频的封面，如图10-37所示。

步骤02 执行操作后，进入短视频的播放界面，点击界面中的"写评论"按钮，如图10-38所示。

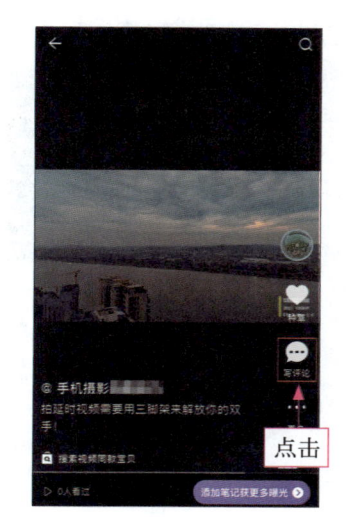

图10-37　点击要发布评论的短视频的封面　　图10-38　点击"写评论"按钮

步骤03 执行操作后，在弹出的评论区对话框中输入评论内容；点击"发送"按钮，如图10-39所示。

步骤04 执行操作后，运营者输入的内容便会出现在评论区中，如图10-40所示。

图10-39　点击"发送"按钮　　图10-40　输入的内容出现在评论区

除了在自己发布的短视频中进行评论之外，运营者还可以在他人的短视频评论区进行评论。如果用户对你的评论比较感兴趣，便会点击你的账号头像进入你的主页，如图 10-41 所示，部分用户可能还会查看你发布的短视频。因此，有时候一个精彩的评论，也会为你的账号带来大量的流量。

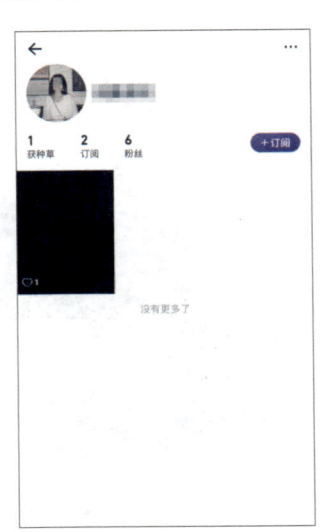

图 10-41　点击账号头像进入个人主页

10.2.4　口碑引流：将带货好评转化为流量

抖音盒子平台会根据运营者的带货情况进行口碑评估，并且当运营者的带货口碑比较好（即用户的好评多）时，还会在"首页"界面中显示其带货口碑超过同行的比例。因此，那些带货口碑比较好的运营者会获得更多流量。

如图 10-42 所示，该运营者的带货口碑超过了 99% 的同行。也正是因为如此，很多用户看到这个高百分比时，都会忍不住点击查看直播内容。这样一来，运营者便可以借助口碑获得一定的流量。

当然，为了提高带货口碑，运营者还需要做好选品、商品讲解和售后等工作，让用户享受良好的购物过程，这样才能让更多用户给出好评。

10.2.5　同步引流：借助抖音平台做营销推广

运营者可以直接使用抖音号登录抖音盒子，然后通过如下步骤开启"抖音作品及电商直播间"功能，让抖音平台发布的直播可以同步至抖音盒子平台。

步骤 01　进入"我的"界面，点击"设置"按钮，进入"设置"界面。选择"账号与安全"选项，如图 10-43 所示。

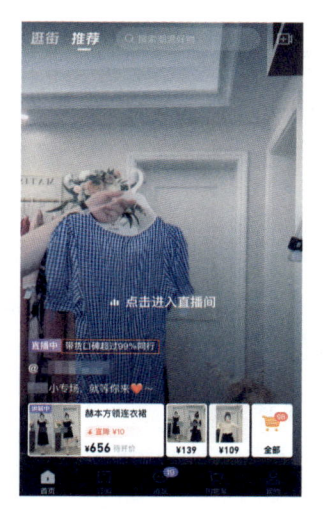

图 10-42　借助口碑获得流量

步骤 02　执行操作后，进入"账号与安全"界面，选择"信息管理"选项，如图 10-44 所示。

图 10-43　选择"账号与安全"选项　　图 10-44　选择"信息管理"选项

步骤 03　执行操作后，进入"信息管理"界面，选择"抖音作品及电商直播间"选项，如图 10-45 所示。

步骤 04　执行操作后，进入"抖音作品及电商直播间"界面，启用"抖音作品及电商直播间"功能，如图 10-46 所示，即可让抖音平台上发布的短视频

第 10 章　抖音盒子：官方力推的商品推广渠道

205

或直播同步至抖音盒子平台。

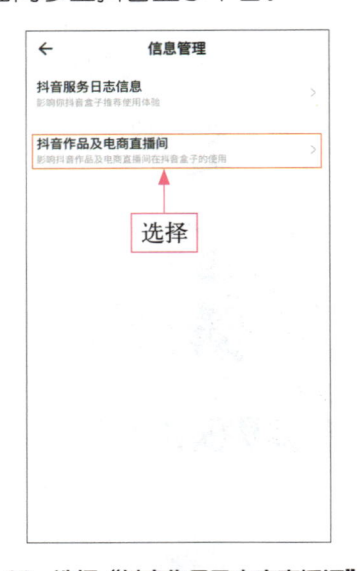

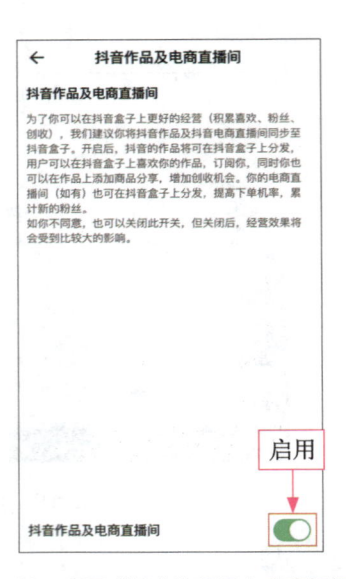

图 10-45　选择"抖音作品及电商直播间"选项　图 10-46　启用"抖音作品及电商直播间"功能

启用"抖音作品及电商直播间"功能之后，运营者在抖音平台上开直播时，直播内容会同步至抖音盒子平台。图 10-47 所示为抖音和抖音盒子 App 上同步的直播画面。这就相当于开一场直播可以同时吸引两个平台的流量，而直播的带货效果自然也会更好。

图 10-47　抖音和抖音盒子 App 上同步的直播画面

10.2.6 搜索引流：设置标题提高直播曝光量

部分用户会通过搜索关键词来查找直播，因此运营者可以通过标题的设置来增加直播被搜索到的概率，从而提高直播的曝光量，让更多用户进入你的直播间。

具体来说，在做搜索引流的过程中，运营者需要从两个方面来设置直播标题，一是直播标题中要包含用户的搜索关键词，这样直播才会更容易被目标用户看到；二是直播标题对用户要有足够吸引力，这样用户看到直播标题之后，才会更愿意进入你的直播间。

需要购买春装的用户可能会通过搜索"春款上新"这个关键词，来查找感兴趣的内容。比如，某抖音盒子的直播标题中包含该关键词，因此直播间信息会出现在搜索结果中，再加上标题中包含"29（元）起"，让人觉得该直播间的商品比较便宜，所以很多用户会点击搜索结果的直播画面，进入对应的直播间。

10.2.7 账号引流：通过信息编辑获得流量

运营者可以合理利用自己的账号进行引流，利用抖音盒子的流量，并创建专门的社群，构建自己的私域流量池。比如，可以在账号简介中展示自己的联系方式。等用户添加你的联系方式之后，运营者可以将其拉入社群中，让用户成为你的私域流量。

当然，运营者也可以换一下思路，在其他平台展示抖音盒子账号的相关信息，增加抖音盒子账号的曝光量，让更多用户看到并主动查看你账号中的内容。因为抖音盒子个人主页界面中，正在进行直播的账号，其头像会带有一个紫色的边框。所以，如果用户对直播内容感兴趣就会点击账号头像，进入直播间界面，如图 10-48 所示，这样你的直播自然就能获得更多流量。

图 10-48　点击账号头像进入直播间界面

10.3　变现方式：多种方法获得带货收益

很多运营者之所以愿意花费心力来运营抖音盒子账号，主要就是因为在运营过程中可以通过多种方法获得收益。这一节，笔者就为大家介绍抖音盒子的常见变现方式，以及提升账号运营收益的方法。

10.3.1　逛街推荐：直接为用户展示商品

抖音盒子 App 中有一个专门的"逛街"板块，该板块会展示平台在售的各种商品。用户只需点击某款商品的信息，即可进入商品详情界面，查看或购买该商品，如图 10-49 所示。

对此，运营者可以注册一个抖音小店，并将商品发布至抖音盒子平台。这样，运营者便可以在"逛街"板块销售商品，从而获得收益。

图 10-49　通过"逛街"板块进入商品详情界面

10.3.2　订阅账号：引导用户长期购物

抖音盒子 App 的"订阅"板块中，会自动展示已订阅账号所发布的内容。如果用户点击该界面中的短视频画面，还可以进入短视频的播放界面，更好地查看短视频内容，如图 10-50 所示。

运营者可以通过发布干货内容或发送福利引导用户订阅账号。这样，用户便会成为你的粉丝，而你则可以通过发布内容持续引导用户购买推荐的商品。

图 10-50　通过"订阅"板块进入短视频播放界面

10.3.3　视频种草：宣传推广增加销量

　　许多用户都习惯在闲暇时间刷短视频，对此，运营者可以通过短视频宣传商品，给用户种草，从而提升商品的销量。

　　具体来说，运营者可以在抖音盒子平台发布种草短视频，并在短视频中添加商品的购买链接。这样，抖音盒子 App 便会在该短视频的播放界面中展示商品图片链接，用户只需点击该图片链接，即可在弹出的对话框中查看商品详情，如图 10-51 所示，有需要的用户还可以直接购买该商品。

图 10-51　点击商品图片链接查看商品详情

当然，为了增加用户购买相关商品的意愿，运营者需要让短视频内容和商品对用户更有吸引力。比如，运营者可以在短视频中重点展示商品的核心功能，或者通过优惠秒杀让用户觉得你的商品物美价廉。

10.3.4 内容搜索：通过关键词精准引流

因为抖音盒子平台中的内容太多了，随机刷不一定能快速看到自己需要的内容。所以，相比于无目的地刷平台推荐的内容，许多用户更习惯于通过搜索查找相关的内容。

具体来说，用户会点击"推荐"界面中的搜索框，如图 10-52 所示；进入搜索界面，输入关键词；点击"搜索"按钮，如图 10-53 所示。即可在搜索结果中查看自己感兴趣的短视频和直播内容，如图 10-54 所示。

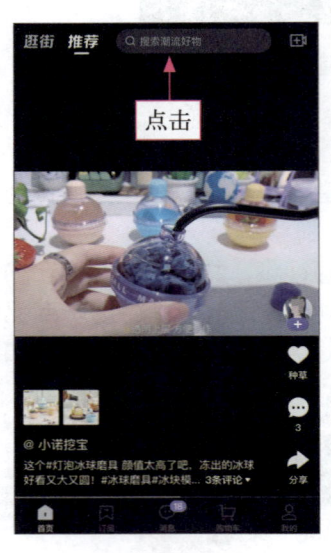

图 10-52 点击搜索框　　图 10-53 点击"搜索"按钮　　图 10-54 查看短视频和直播内容

通常来说，如果运营者的账号名或内容标题中包含用户的搜索关键词，那么他的短视频或直播内容就会更容易被用户看到。因此，运营者最好根据自身定位确定账号名，根据商品制作短视频和直播标题。这样，短视频或直播内容会被更多用户看到，而商品销量也会更有保障。

10.3.5 直播销售：获取佣金和礼物收入

表达能力比较强的运营者，可以直接通过直播来销售商品，来获得带货佣金和礼物收入。与大多数平台不同，抖音盒子 App 中只有添加了购物车商品才能进行直播，也就是说抖音盒子直播都是电商直播。

具体来说，抖音盒子 App 直播中都会显示图标，用户点击该图标即可在弹出的对话框中查看直播间销售的商品，有需要的用户还可以直接购买。

对于运营者来说，直播是提高自身收益的一条重要途径。如果运营者自身的表达能力比较好，就可以自己当主播，进行商品的讲解；如果运营者自身的表达能力有所欠缺，则可以招聘专业的销售主播。